DOLL SEWING BOOK

HANON 하농

사토미 후지이 지음 · 안나진 옮김 · 정유미 감수

라의눈

contents

이 책은 인형 사이즈의 소잉 북입니다.

심플하지만 이상적인 실루엣이 되도록 힘썼습니다.

봉제 초보자라도 도전할 수 있습니다.

레이스를 좀 더 풍성하게,

모던하면서도 심플한 다크 컬러,

귀여운 파스텔 컬러,

취향에 따라 계절에 맞는 원단으로 바꾸며 즐겨주세요.

S 사이즈는 미디 브라이스

M 사이즈는 네오 브라이스

L 사이즈는 유노아 크루스 소녀

각각에 맞게 옷을 만들었습니다.

어쩌면 사이즈가 비슷한 다른 인형에게도 맞을지 모르겠네요.

한 번 시도해보시면 좋겠습니다.

This book is for making doll-size clothes.

The shape of the clothes is simple for an ideal silhouette,

The contents are made so that even a beginner can understand.

The styles can be modified for a wider range of looks

by using the colors and types of lace you prefer.

Please enjoy & have fun!

S size for Middie Blythe Doll

M size for Neo Blythe Doll

L size for Unoá 1.5 Girls

Those may suit the other dolls with the close size.

Please give it a try.

M 사이즈 자수 스모킹 원피스, 앞치마, 캐미솔 원피스와 부츠

세트로 만들어도 즐거운 M 사이즈와 S 사이즈.
그대로 축소하는 게 아니라 인형의 밸런스에 맞추어
옷감의 볼륨이나 길이를 하나씩 바꿔줍니다.

M 사이즈 캐미솔 원피스와 배기 팬츠

M＆S 사이즈 캐미솔 원피스, 스커트와 부츠

M & S 사이즈 자수 스모킹 원피스와 부츠

M 사이즈 피터팬 칼라 원피스, 양말과 여우봉제인형

(위) S 사이즈 코트, 배기 팬츠, 숄더백과 부츠 (아래) S 사이즈 블라우스, 조끼, 바지, 부츠와 여우봉제인형

M 사이즈 블라우스, 스커트, 양말과 부츠

M 사이즈 리넨 코트와 부츠

어떤 옷감을 쓰느냐에 따라 의상의 분위기가 전혀 달라집니다.
가죽이나 리본을 밸드처럼 두르거나 자수를 더해
자신만의 스타일을 완성해보세요.

S 사이즈와 M 사이즈의 장점을 가진

타이니 벳시 맥콜 Tiny Betsy McCall, 나양한 옷을 만들어 입혀보세요.

S 사이즈 피터팬 칼라 원피스, 숄더백, M 사이즈 부츠와 양말

S 사이즈 자수 스모킹 원피스, 배기 팬츠와 M 사이즈 부츠

M 사이즈는 벳시에게 약간 길어요.

몸에 맞춰서 원하는 길이로 조절해주세요.

M 사이즈 캐미솔 원피스, 코사지와 여우봉제인형

M 사이즈 짧게 자수 스모킹 원피스, M 사이즈 스커트와 부츠

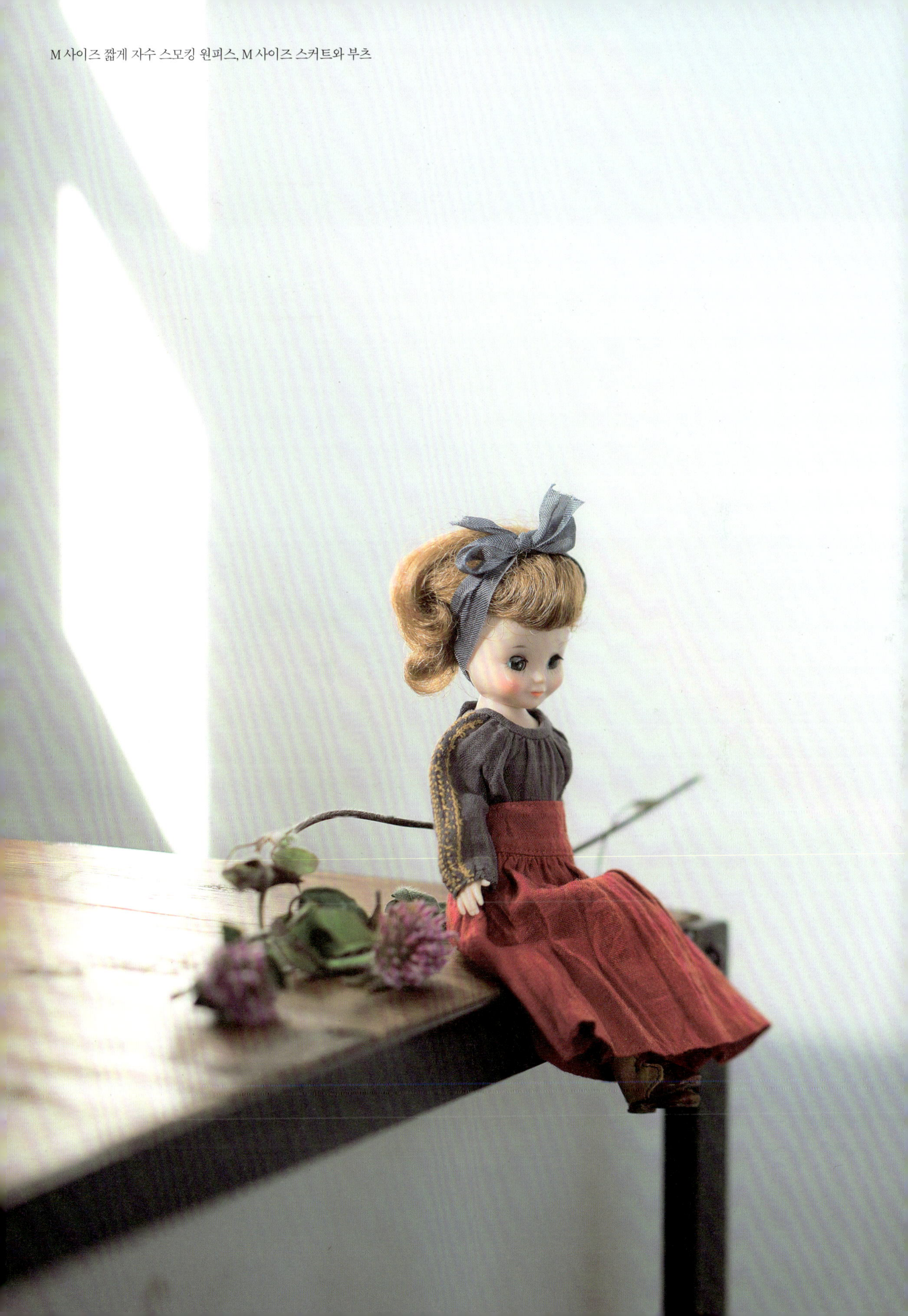

몸이 가는 1/6 인형인 유노아 크루스 라이트는 일부 M 사이즈 옷을 입힐 수 있습니다.
이때 길이가 짧아지기 때문에 원하는 길이로 조절하는 걸 권합니다.

M 사이즈 자수 스모킹 원피스와 배기 팬츠

M 사이즈 블라우스, 조끼, 바지, 양말과 부츠

L 사이즈 블라우스, 조끼, 바지와 부츠

L 사이즈는 유노아 크루스 소녀의

두 가지 가슴 사이즈에 모두 입힐 수 있습니다.

실루엣이 넉넉한 원피스 등은

다른 40cm 인형에게도 입힐 수 있습니다.

L 사이즈 자수 스모킹 원피스, 캐미솔 원피스와 배기 팬츠

L 사이즈 캐미솔 원피스, 배기 팬츠와 부츠

L 사이즈 코트, 스커트와 부츠

L 사이즈 피터팬 칼라 원피스, 앞치마, 양말과 부츠

L 사이즈 자수 스모킹 원피스, 캐미솔 원피스와 부츠

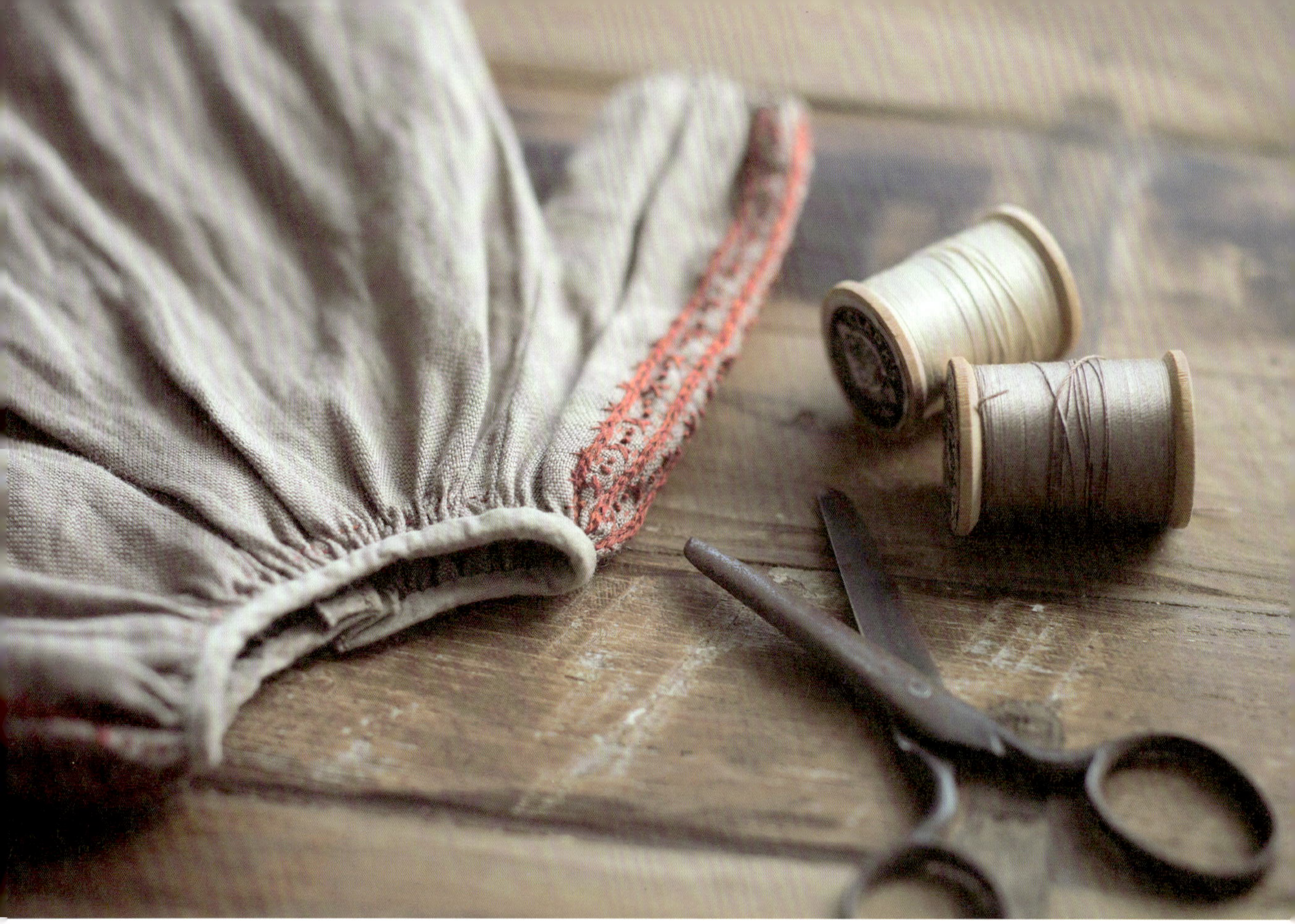

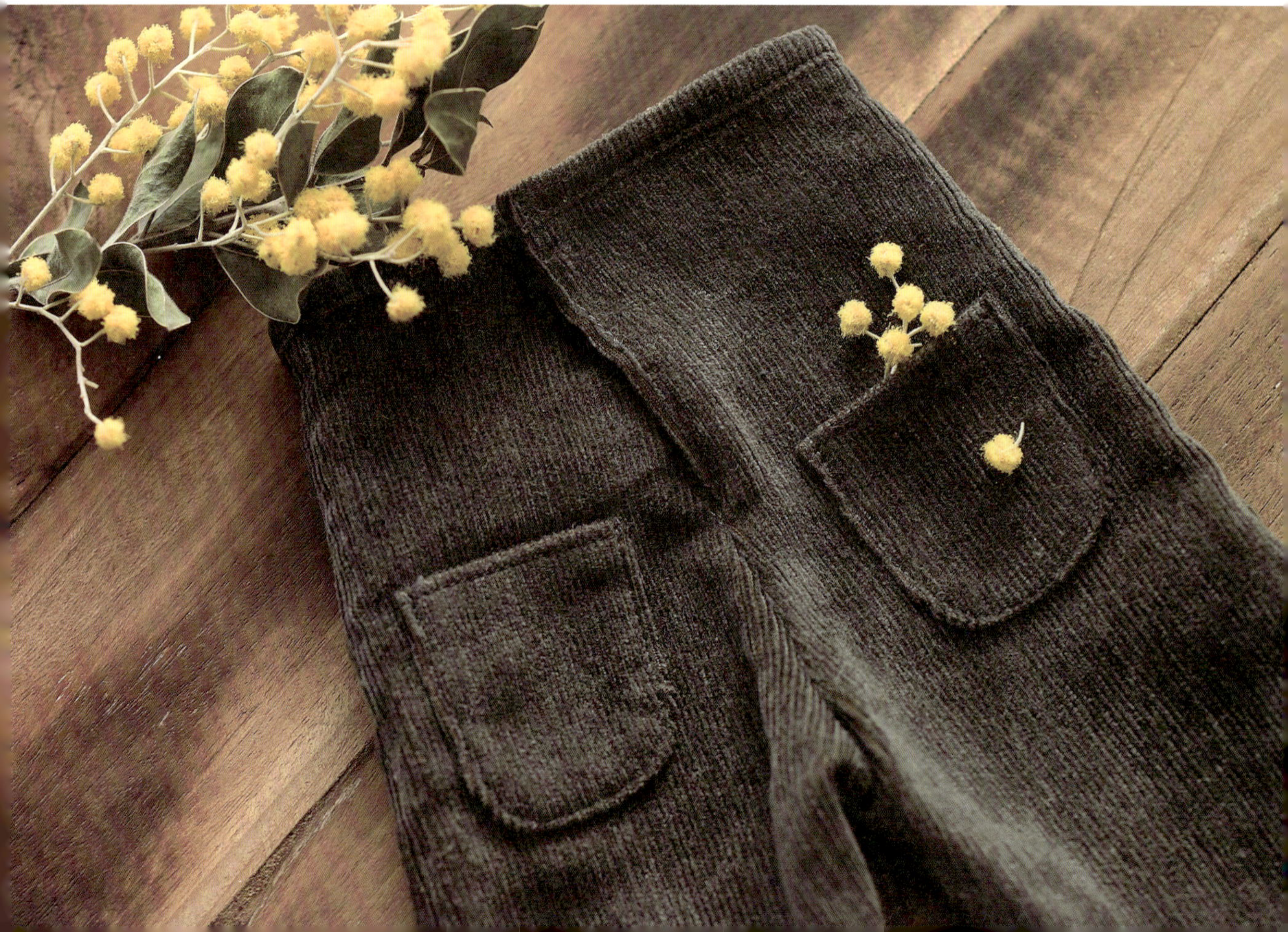

코트나 조끼를 겹쳐 입을 수 있도록 여유 있게 디자인해봤습니다.
다양한 스타일링을 즐겨보세요.

L 사이즈 피터팬 칼라 원피스, 조끼, 코사지와 숄더백

Tools

인형 옷을 만들기 전에 먼저 갖출 도구입니다.
사람 옷에서는 사용하지 않는 도구도 작은 인형옷을 만들 때
도움이 되니까 꼭 준비해주세요.

리본자수용 실크리본(모쿠바 제품 사용)
Embroidery Silk Ribbon
자수용 3.5mm 폭 리본은 부드러워서 다루기
쉽고 색도 다양합니다.

자수실 *Cotton Embroidery Floss*
DMC의 25번 실을 사용하며, 기본적으로 1줄
로 작업합니다.

실뜯개(리퍼) *Seam Ripper*
바느질 땀이 삐뚤어졌을 때 실뜯개로 실을 깨
끗이 잘라 다시 고쳐 꿰맵니다.

겸자 가위 *Forceps*
작은 옷감을 밖으로 뒤집을 때 매우 편리한 수
예용 작은 겸자입니다.

쪽가위 *Thread Scissors*
손바느질한 실과 미싱 실의 끝을 자릅니다.

골무 *Thimble*
자수를 새기거나 공그르기를 할 때 사용합니다.

재봉용 송곳 *Craft Awl*
옷감을 뒤집었을 때 각을 잡거나, 미싱으로 박
을 때 옷감을 눌러주기 위해 사용합니다.

재봉 가위 *Dressmaking Scissors*
예리하게 잘리며 세밀한 작업이 가능한 작은
가위를 준비합니다. 저는 미령 브랜드의 퀼팅
가위(패치워크 가위)를 사용합니다.

실 *Sewing Thread*
미싱이나 손바느질도 후직스 샤페판 #90번
수를 애용합니다. 45수 2합 코아사 사용.

패브릭 본드 *Fabric Glue*
굳은 뒤 투명하게 되는 가와구찌의 가죽, 옷
감, 종이용 접착제를 추천합니다. 좁은 부분에
는 좁은 노즐이 쓰기 편합니다.

올 풀림 방지액 *Fray Stopper*
가와구찌의 피케 본드를 애용합니다. 재단한
뒤에 옷감 가장자리에 발라 처리합니다.

초크 펜 *Tailor's chalk*
얇은 옷감에는 잘 번지지 않는 카리스마 샤프
초크 펜을 사용하고, 코듀로이 등 두꺼운 옷감
에는 크로바 수성차코펜(세細), 크로바 화이트
수성펜(다림질, 세탁으로 제거)을 사용하는 등 옷
감에 따라 구별해 사용합니다.

레이스 *Laces*
이 책에서는 빈티지 레이스를 사용했습니다.
새 레이스의 색이 너무 하얘서 기존 레이스
와 어울리지 않을 때는 천연 염색이나 홍차
염색으로 원하는 색깔로 바꿔서 사용하면
좋습니다. 토숀레이스 사용.(내추럴색.)

스냅 단추 *Snaps*
5mm 둥근 스냅 단추와 0호 후크를 사용합
니다.

바늘·시침핀·실크 핀·그레이딩자
Hand sewing Needles, Dressmaker Pins, Silk
Pin, Ruler

Lace Strap Dress

캐미솔 원피스

초보자가 쉽게 만들 수 있는 자투리 레이스를 이용한 원피스.
어깨 끈으로 길이를 조절할 수 있어서 레이어드에 좋습니다.

옷감	S	30cm × 20cm	스커트 레이스	S	13cm + 4cm
	M	42cm × 25cm	(7~10mm 정도)	M	20cm + 7cm
	L	93cm × 45cm		L	45cm + 12cm
5mm 레이스	S	12cm × 2줄	자투리 레이스	몸통을 감쌀 정도	
	M	14cm × 2줄			
	L	19cm × 2줄	스냅 단추	S, M 1쌍 / L 2쌍	

1
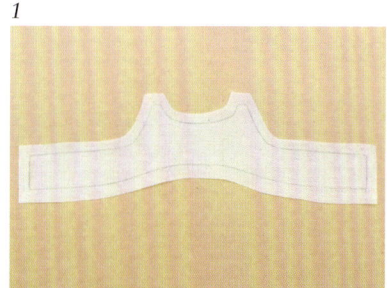

패턴에 따라 각 부분을 재단하고 가장자리를 올 풀림 방지액으로 처리해둡니다.

2
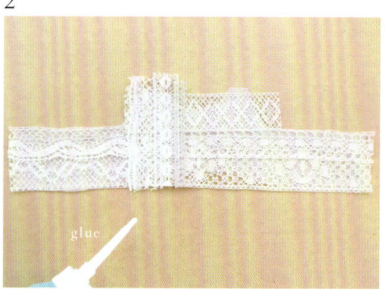

겉감 몸판에 자투리 레이스를 올리고 패브릭 본드로 붙입니다.

3
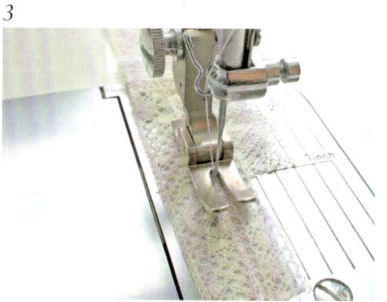

레이스 가장자리를 박아 겉감 몸판에 붙입니다.

4

겉감 몸판보다 많이 남은 여분의 레이스를 잘라냅니다. S 사이즈와 M 사이즈는 7번 단계로.

5

L 사이즈인 경우, 겉감 몸판 양옆선 안쪽에서 다트를 접어 박아줍니다.

6
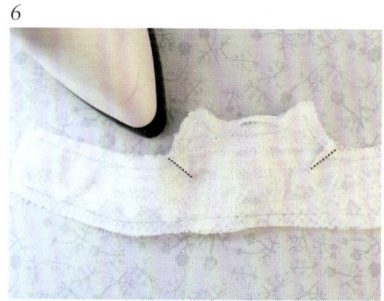

L 사이즈인 경우, 다트는 몸판의 중심 쪽으로 접어 다림질합니다.

7

안감 몸판의 어깨 시접 부분에 패브릭 본드를 조금 발라 어깨에 5mm 레이스를 붙입니다.

8
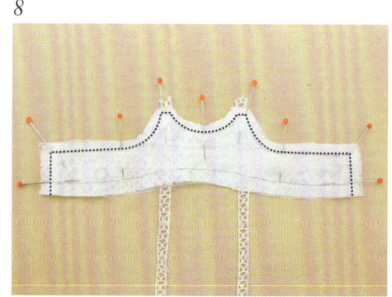

겉감 몸판과 안감 몸판의 겉면이 마주 보도록 겹치고, 허리 부분을 제외한 모든 부분을 박아줍니다.

9
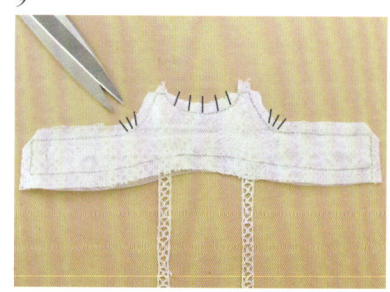

박은 시접 모서리 부분을 자르고, 곡선부분은 여러 번 가위집을 냅니다. 박은 부분을 자르지 않도록 조심합시다.

This dress is a good place to start for beginners.
It is versatile and easy to coordinate.

{ materials: cotton voile, 7-10mm lace, 5mm lace, scrap lace, snaps }

1. Cut all parts. Put fray-stopper glue on the edges. 2. Put lace on the front bodice with fabric glue. 3. Stitch the edge of the lace.
4. Cut the extra lace. 5. <L> size, Sew the front darts. 6. <L>size, Iron the inside seam.
7. Glue shoulder lace onto the seam allowance of back bodice. 8. Sew the bodice piece together inside out. 9. Snip the seam allowance.

10

겉면이 보이게 뒤집고 송곳으로 모서리와 곡선 부분을
깔끔하게 정리하고 다림질합니다.

11

허리 쪽은 남기고 가장자리 부분을 눌러 박듯 스티치를
넣습니다.

12

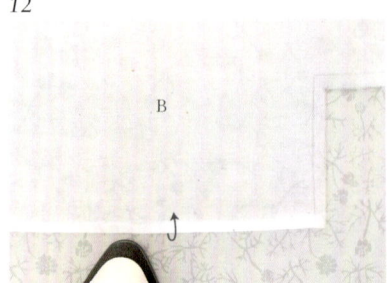

스커트 B의 아래 밑단 시접을 안쪽으로 접어 박습니다.

13

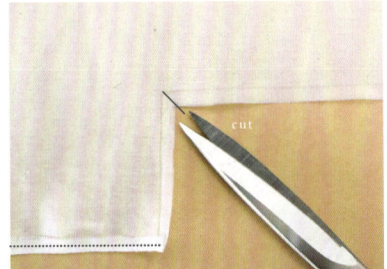

스커트 B의 위 밑단의 직각 부분에 가위집을 냅니다.

14

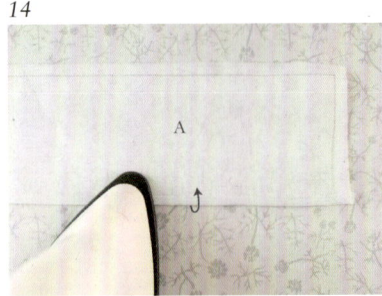

스커트 A의 밑단 시접을 안쪽으로 접어 박습니다.

15

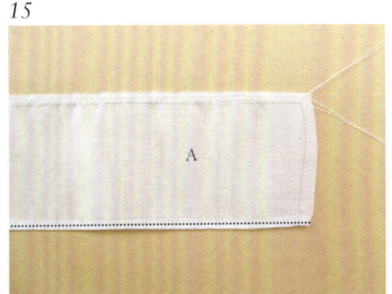

스커트 A의 위쪽 시접에 주름을 잡기 위해 미싱 땀길이
2.5mm의 직선 재봉으로 2줄을 박아줍니다.(92쪽 참조.)

16

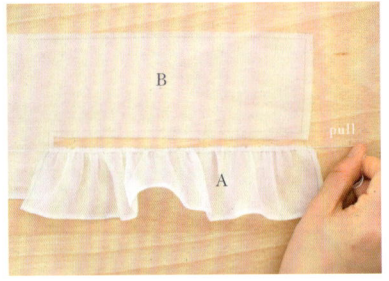

스커트 B의 아랫단(A가 들어갈 부분) 폭에 맞도록 A의 실
을 잡아당겨 주름의 너비를 맞춰줍니다.

17

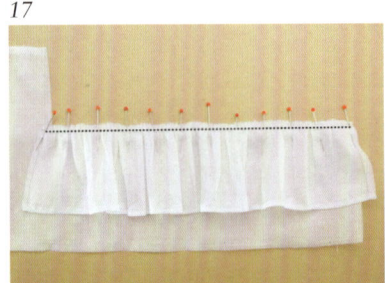

스커트 A와 B의 겉면이 마주 보도록 겹친 후 주름을
밀어 중심선을 맞추고 주름의 좌우 분량을 비슷하게
맞춰서 박음질합니다.

18

시접을 위로 접어 다림질합니다.

10. Turn inside out and iron.   *11.* Sew along the edge.   *12.* Fold the lower hem of skirt B, iron and sew.
13. Snip the seam allowance.   *14.* Fold the hem of skirt A, iron and sew.   *15.* Gathering skirt A, seam allowance. [refer to P.92]
16. Pull the bobbin threads to match the width of fit the upper hem of skirt B.   *17.* Sew skirt A to B face to face.   *18.* Iron the seam allowance to face up.

19

스커트 A와 B의 옆선 부분도 겉면이 마주 보도록 겹쳐 박아줍니다. 시접은 B쪽으로 접어 다림질합니다.

20

스커트 겉면에 원하는 폭의 레이스를 올리고 패브릭 본드로 붙이고 박아줍니다.

21

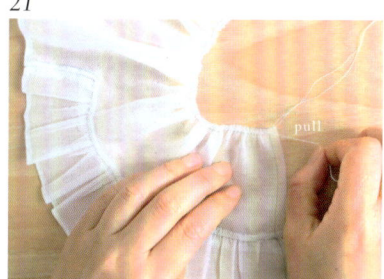

스커트 허리의 시접 부분에 주름을 잡기 위해 미싱 땀길이 3mm의 직선 재봉으로 2줄을 박아줍니다.

22

스커트 뒤 중심의 완성선과 몸판 허리폭을 맞춰서 주름을 잡고, 겉면이 마주 보도록 겹쳐 박아줍니다.

23

시접은 몸판 쪽으로 접습니다. 그리고 스커트 뒤트임을 '트임 끝' 표시보다 약간 아래까지 안쪽으로 접어 다림질합니다.

24

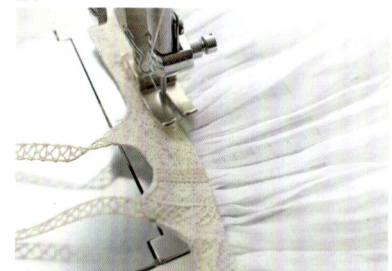

허리 몸판 쪽으로 눌러 박듯 스티치를 넣습니다.

25

뒤트임을 사선으로 접은 부분을 박아줍니다.

26

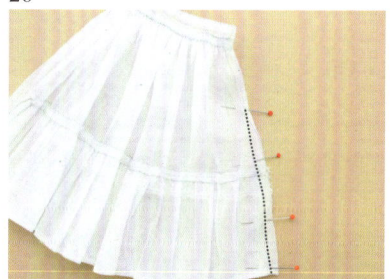

스커트 밑단에서 '트임 끝' 부분까지 뒤 중심을 겉면이 마주 보도록 겹쳐 박아줍니다.

27

시접을 가름솔 정리하여 다림질하고 겉면으로 뒤집은 뒤, 스냅 단추를 달면 완성입니다. 물에 적셔 자연 건조 하면 자연스럽게 처진 느낌이 됩니다.

19. Sew the sides of A and B together as shown.   20. Put temporary and stitch lace on the seam of the skirt.
21. Gather the waist of the skirt until the width fits the bodice.   22. Sew the waist of the bodice and skirt, inside out.
23. Iron the seam to bodice side. Fold the back opening.   24. Sew the edge of the bodice from the front.   25. Sew the back opening.
26. Sew the back and opening together inside out.   27. Split open the seam allowance and iron down. Fasten snap at the back opening.

Sarrouel Pants

배기 팬츠

활용 폭이 넓은 아이템으로 색상은 자유롭게 선택하세요.
어두운 옷감으로 제작하면 시크한 분위기를, 밝은색은 자연스러움을 연출합니다.

코튼 리넨	S	24cm × 12cm	골지 니트	S	10cm × 6cm
	M	26cm × 15cm	(시보리 용도)	M	14cm × 7cm
	L	50cm × 25cm		L	20cm × 15cm
3mm 고무		30cm	자수실		베이지색, 갈색

1

패턴에 따라 각 부분을 재단하고 가장자리를 올 풀림 방지액으로 처리해둡니다. 바지 밑단 시접에 미싱 땀길이 2.5mm 폭으로 주름용 박기를 2줄 넣습니다.

2

시보리의 폭에 맞추어 바지 주름을 잡습니다.(92쪽 참조.)

3

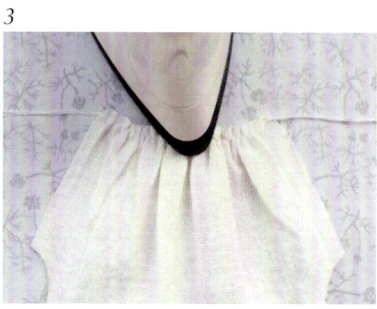

주름을 정돈하고 다림질합니다.

4

바지 밑단 부분과 시보리를 겉면이 마주 보도록 겹쳐 박아줍니다.

5

시접을 위로 접고 다림질합니다. 시보리 밑단 시접을 안쪽으로 접어 다림질합니다.

6

바지 쪽에서 눌러 박듯 스티치를 넣습니다. 시보리 밑단도 박아줍니다.

7

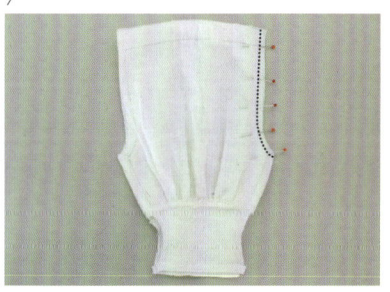

바지 앞 가랑이 부분의 겉면이 마주 보도록 겹쳐 박아줍니다.

8

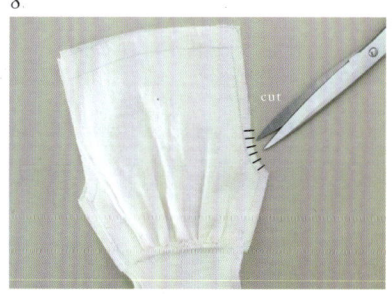

앞 가랑이 부분의 시접에 가위집을 냅니다. 시접은 가름솔 정리하여 다림질합니다.

9

허리의 시접을 3번 접어, 다림질하여 정돈합니다.

Depending on the color you choose
these pants can be used in all kinds of outfit, dark for a chic look, light for natural.

{ materials : cotton linen, rib knit, 3mm elastic, embroidery thread }

1. Cut all parts. Put fray-stopper glue on the edges. Gather the pants hem seam allowance. [refer to P.92]

2. Pull the bobbin threads until the width the fits the elastic cuff.   *3.* Iron the gathering.

4. Sew the pants to the cuff on the side.   *5.* Iron the hem of the cuff up.   *6.* Sew the top and bottom of the cuff hem.

7. Sew the front on the side as shown.   *8.* Cut and iron the seam.   *9.* Fold the waist seam down 3 times.

10

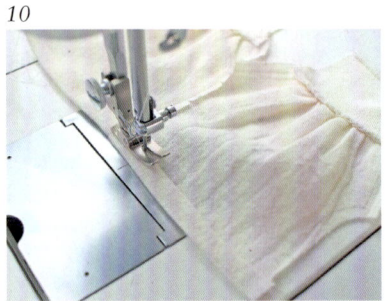

허리를 박아줍니다.

11

허리에 고무줄을 넣습니다.

12

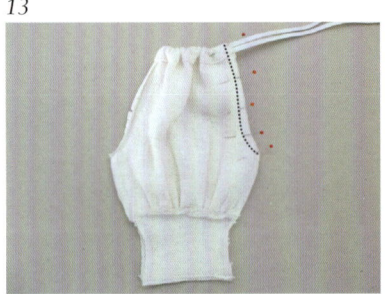

허리폭은 S 사이즈는 7.5cm, M 사이즈는 9.5cm, L 사이즈는 15cm로 줄여 시침핀으로 고정합니다.

13

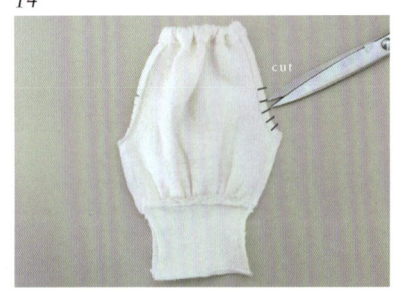

바지 뒤 가랑이를 겉면이 마주 보도록 겹쳐 고무줄까지 같이 박아줍니다.

14

뒤 가랑이 시접에 가위집을 냅니다. 시접을 가름솔 정리하여 다림질합니다.

15

가랑이 아래 부분을 겉면이 마주 보도록 겹쳐 박아줍니다.

16

가랑이 아래에 가위집을 냅니다.

17

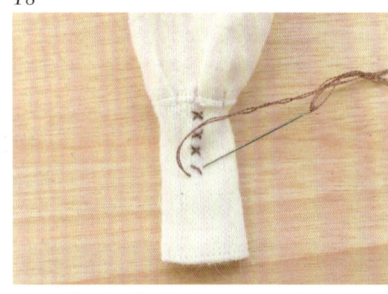

겉면으로 뒤집고 다림질하여 정돈한 뒤 가랑이 부분에 손바느질 스티치를 넣습니다.

18

시보리 양쪽에 갈색 자수 실로 크로스 스티치를 넣으면 완성입니다. 물에 적셔 자연 건조하면 자연스럽게 쳐진 느낌이 됩니다.

10. Sew the folded.　*11.* String elastic through the waist.　*12.* Gather the waist to <S>7.5cm, <M>9.5cm or <L>15cm.

13. Sew the back together on the side as shown.　*14.* Cut and iron the seam.　*15.* Sew the inseam.

16. Cut the inseam.　*17.* Turn the pants right side out. Hand sew the rise for decoration.

18. Use cross stitch to embroider the rib. Wash the pants in water and dry. This will give the cloth a natural finish.

Embroidered Smock Dress

자수 스모킹 원피스

어려워 보이지만 소매 붙이기가 쉽고, 적당한 볼륨감이 있는 원피스.

원하는 자수로 응용하면서 즐길 수 있고, 길이를 짧게 해서 블라우스처럼 해도 귀엽습니다.

리넨	S 30cm × 30cm	바이어스 옷감	S 2cm × 11cm
	M 42cm × 32cm		M 3cm × 12cm
	L 90cm × 55cm		L 3cm × 20cm
스냅 단추	S, M 1 / L 2	자수실	짙은 군청색이나 연지색

1

리넨 옷감에 소매 패턴을 그려 넣고, 여유분을 넉넉하게 두고 잘라 자수틀에 끼웁니다.

2

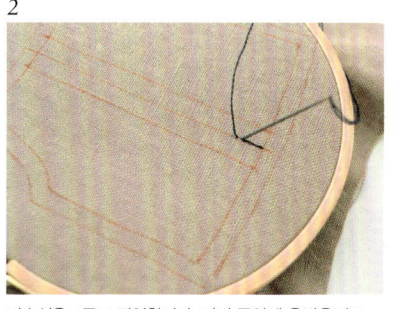

자수실은 1줄로 작업합니다. 먼저 중앙에 온박음질로 2줄 박습니다.(L 사이즈는 체인 스티치.)

3

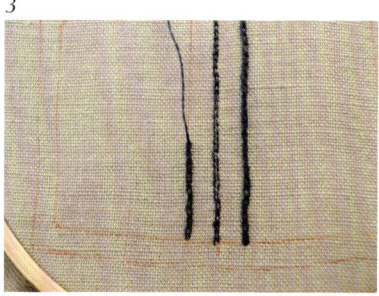

좌우에 작은 체인 스티치를 넣습니다.

4

3줄의 스티치 사이에 프렌치 노트 스티치와 크로스 스티치를 넣습니다.

5

중앙, 좌우 라인에는 러닝 스티치를 넣고, 양 끝에 V자 스티치를 넣습니다. 자수가 완성되면 소매를 재단하고 가장자리를 올 풀림 방지액으로 처리해둡니다.

6

소매 입구의 시접을 안쪽으로 접고 다림질합니다.

7

소매 입구의 시접 부분에 주름을 잡기 위해 미싱 땀길이 3mm의 직선 재봉으로 1줄을 박아줍니다.(92쪽 참조.)

8

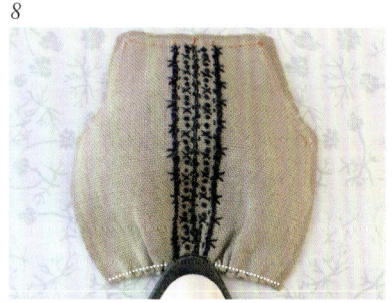

S 사이즈는 4cm, M 사이즈는 5cm, L 사이즈는 7.5cm가 되도록 주름을 잡고 (시접은 포함하지 않습니다) 실을 묶어 다림질하여 정돈하고 스티치를 넣습니다.

9

앞 몸판과 소매를 겉면이 마주 보도록 겹쳐 박아줍니다.

This dress may look complicated but it is very simple to make.
The style of the embroidery is up to you, it can also be made as a blouse depending on the length.

{ materials : linen, cotton, snaps, embroidery thread }

1. Trace the sleeve pattern and stretch in an embroidery frame.   2. Use one embroidery thread to back stitch the middle of the sleeves.
3. Use chain-stitch on either side.   4. Use cross-stitch and French knot stitch alternatively.
5. Use running stitch along the chain and back stitch and V-stitch on outer side. Cut the sleeve and put fray-stopper glue on the edges.
6. Fold the edges of the sleeve opening and iron.   7. Sew the edges of the sleeve opening 3mm stitch. [refer to P.92]
8. Gather the edges of the sleeve opening to <S> 3cm, <M> 5cm or <L> 7.5cm and sew.   9. Sew the sleeves to the front.

10

이어서 뒤 몸판과 소매도 겉면이 마주 보도록 겹쳐 박아줍니다.

11

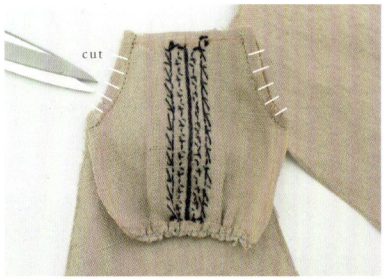

몸판과 소매의 시접에 약 5mm 간격으로 가위집을 냅니다.

12

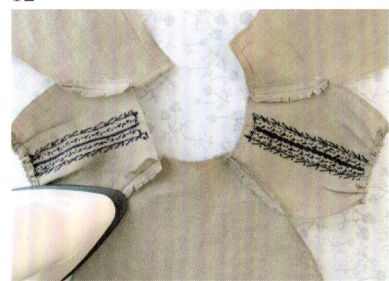

시접을 가름솔 정리하여 다림질합니다.

13

목둘레 시접 부분에 주름을 잡기 위해 미싱 땀길이 3mm의 직선 재봉으로 2줄을 박아줍니다.

14

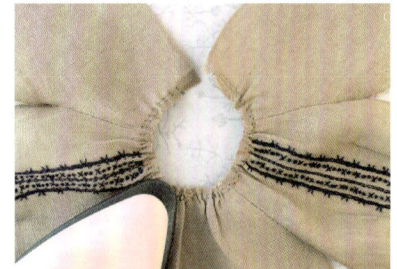

목둘레 바이어스(※옷감 결 45도로 재단하거나, 바이어스 테이프를 이용합니다) 폭에 맞게 주름을 잡고 다림질하여 정돈합니다.

15

몸판의 목둘레와 목둘레 바이어스를 겉면이 마주 보도록 겹쳐 박아줍니다.

16

시접을 위로 접고 다림질합니다.

17

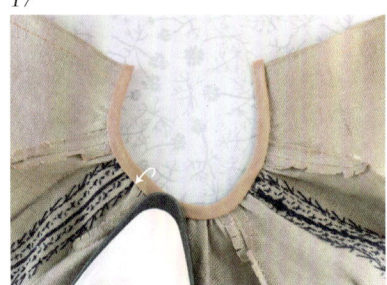

목둘레 시접을 감싸듯이 다림질하여 바이어스를 3번 접어둡니다.

18

바이어스 단을 손바느질로 공그르기를 해서 마감합니다.

10. Sew the back bodice to the sleeves. *11.* Cut the seam. *12.* Unfold the seam and iron.
13. Sew 2 linens on the seam of the neck in 3mm stitch. [refer to P.92] *14.* Gather the seam of the neck opening until the width fits the bias tape.
15. Sew the bias tape to the neck. *16.* Iron the seam up. *17.* Fold the bias around the gather and iron. *18.* Finish with a blind stitch.

19

공그르기로 마감한 모습.

20

자수실을 1줄로 해서 앞 몸판의 목둘레에 러닝 스티치를 넣습니다.

21

앞 몸판과 뒤 몸판을 겉면이 마주 보도록 겹쳐 소매 입구에서 옆선까지 박아줍니다.

22

겨드랑이에 가위집을 냅니다. 겉면으로 뒤집어서 시접을 가름솔 정리하여 다림질합니다.

23

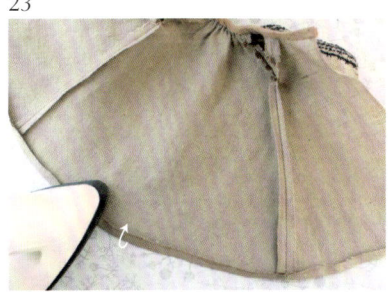

몸판의 밑단 시접을 안쪽으로 접어 다림질하여 정돈합니다.

24

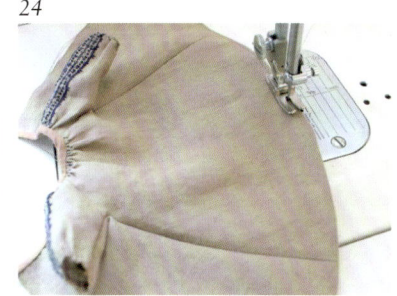

몸판 밑단을 박아줍니다.

25

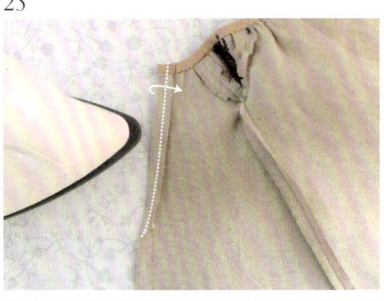

뒤트임을 '트임 끝' 표시보다 약간 아래까지 안쪽으로 접어 다림질하고 박아줍니다.

26

밑단에서 '트임 끝'까지 뒤 중심을 겉면이 마주 보도록 겹쳐 박아줍니다. 시접을 가름솔 정리하여 다림질합니다.

27

겉면으로 뒤집어 스냅 단추를 달면 완성입니다. 물에 적신 후 가볍게 짜서 자연 건조하면 자연스러운 주름으로 마무리됩니다.

19. Now your neck opening is done! 20. Use one embroidery thread to do a running-stitch on the middle of the front.
21. Sew the side of the bodice and the sleeves on the inside out.   22. Make cuts in seam of the pits. Turn right side out and unfold the seam.
23. Fold the hem and iron. 24. Sew the hem. 25. Sew the front and back together inside out. 26. Sew the back opening together.
27. Turn right side out. Fasten snap at the back opening. Wash the dress in water and dry. This will give the cloth a natural finish.

Apron

앞치마

빛바랜 느낌을 내는 데에는 리넨이 최적.
심플하지만 내추럴 스타일에는 필수 아이템.

리넨	S	42cm × 10cm
	M	44cm × 14cm
	L	73cm × 25cm

1

패턴에 따라 각 부분을 재단하고 가장자리를 올 풀림 방지액으로 처리해둡니다. 주머니 입구 시접을 접어 다림질합니다.

2

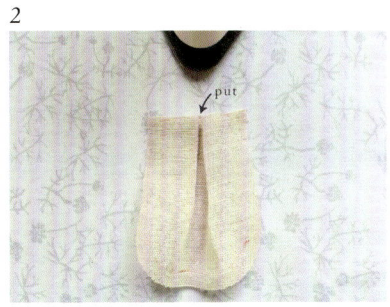

턱tuck을 잡아 패브릭 본드로 붙입니다.

3

주머니 입구를 박아줍니다.

4

주머니 곡선의 시접에 땀길이 3mm 정도로 홈질합니다.

5

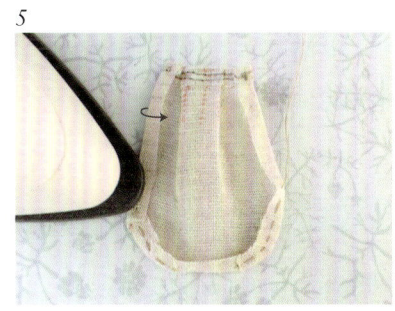

홈질한 실을 당겨서 주름을 만들어 곡선이 되도록 하여 다림질하여 정돈합니다.

6

시접에 패브릭 본드를 발라 주머니 위치에 붙여둡니다.

7

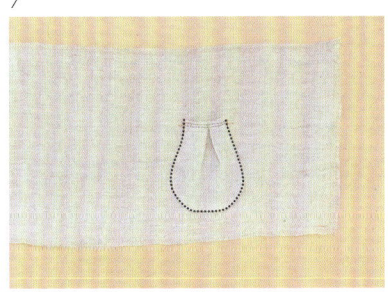

주머니를 박아 답니다.

8

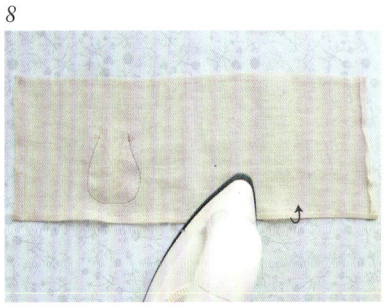

앞치마 밑단과 양옆선의 시접을 안쪽으로 접어 다림질합니다.

9

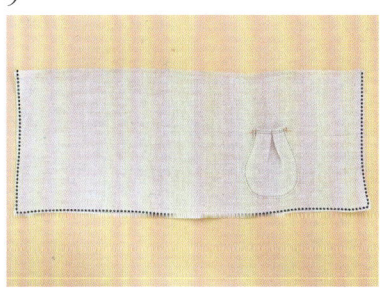

밑단과 양 옆선을 박아줍니다.

For realism and a more worn look, linen is recommended.
A simple item like this can be used to complete any style of outfit.

{ material : linen }

1. Fold the top of the pocket and iron.   2. Fold the tuck and glue with fabric glue.   3. Sew the top of the pocket.
4. Sew the bottom of the pocket with running stitch and iron.   5. Gather the bottom of the pocket and iron the seam.
6. Put small dots of fabric glue on the back of the pocket.   7. Stick the pocket in place and sew.   8. Fold and iron the hems as shown.   9. Sew.

10

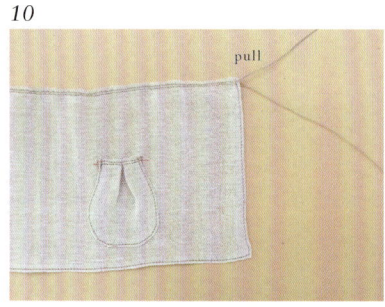

앞치마 허리 시접 부분에 주름을 잡기 위해 미싱 땀길이 3mm의 직선 재봉으로 2줄을 박아줍니다.(92쪽 참조.)

11

S 사이즈는 7cm, M 사이즈는 10cm, L 사이즈는 14.5cm이 되도록 주름을 잡아 다림질하여 정돈합니다.

12

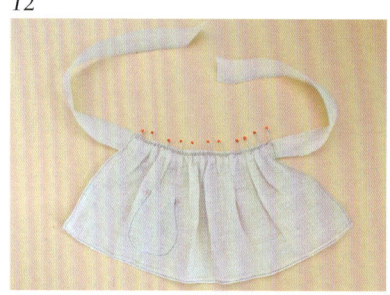

앞치마와 끈을 겉면이 마주 보도록 겹치고 중심선을 맞춘 후 좌우가 균일하게 시침핀을 꽂습니다.

13

앞치마와 끈을 박아줍니다.

14

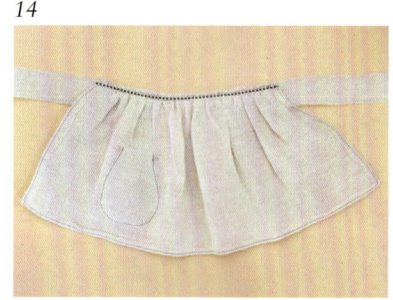

시접을 위로 접습니다.

15

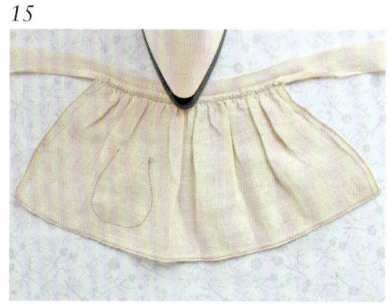

끈을 뒤집어 접고 다림질하여 누릅니다.

16

시접을 감싸듯이 끈을 3번 접어 다림질하여 정돈합니다.

17

끈허리 부분을 눌러 박듯 스티치를 넣습니다.

18

물에 적셔 가볍게 짜서 자연 건조하면 자연스러운 주름이 잡힙니다.

10. Sew 2 lines on the waist of the apron. [refer to P.92]   11. Pull the bobbin threads until the width is <S>7cm, <M>10cm or <L>14.5cm and iron.
12. Pin the waist cord to the apron.   13. Sew the waist.   14. Iron the seam up.   15. Fold the waist cord once and iron.
16. Fold the seam around the waist cord and iron.   17. Sew the waist cord.   18. Wash the apron in water and dry. This will give the cloth a natural finish.

Peter Pan Collar Dress

피터팬 칼라 원피스

작은 둥근 칼라, 빕, 커프스의 색을 조합하여 즐길 수 있는 원피스.

가는 핀턱이 어려울 경우에는 조금 넓게 하거나 좁은 레이스를 붙여도 멋질 거예요.

무늬 있는 면 론	S	30cm × 20cm	4mm 레이스	S	14cm
	M	50cm × 20cm		M	19cm
	L	105cm × 25cm		L	35cm
무늬 없는 면 론	S	20cm × 10cm	스냅 단추	S, M 2쌍 / L 1쌍	
	M	30cm × 10cm			
	L	40cm × 15cm	자수실	산호색	

1

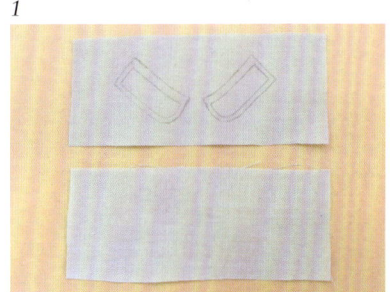

칼라는 대칭으로 옷감에 그린 뒤, 조금 크게 재단해둡니다. 같은 사이즈의 옷감을 1장 더 준비합니다.

2

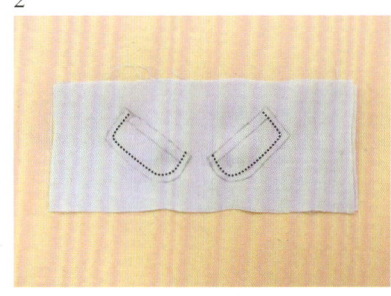

2장을 겉면이 마주 보도록 겹치고 완성선을 따라 박아줍니다.

3

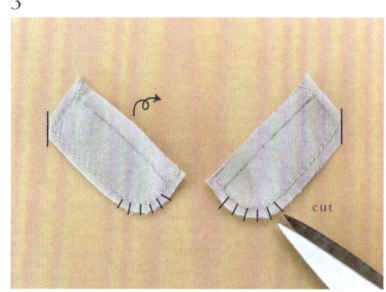

시접을 남기고 칼라를 재단하고 모서리를 잘라낸 뒤, 곡선 부분에 여러 번 가위집을 냅니다. 박은 곳을 자르지 않도록 주의합니다.

4

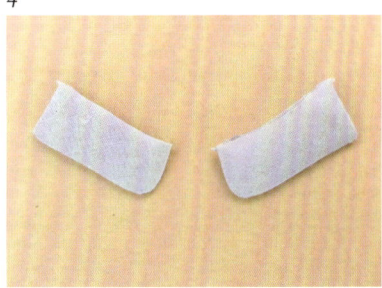

겉면으로 뒤집어서 송곳이나 겸자로 모서리와 곡선을 깔끔하게 정돈하고 다림질합니다.

5

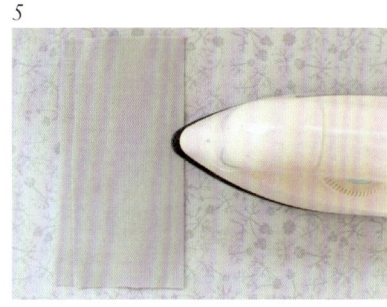

빕의 핀턱을 만듭니다. 빕 패턴보다 크게 재단한 옷감을 식서 방향과 동일하게 다림질하여 접어줍니다.

6

접은 곳에서 1mm 부분을 미싱으로 박아줍니다.

7

깔끔하게 박아졌습니다.

8

옷감을 펴고, 아까 박은 1mm 폭의 접은 부분을 바깥쪽으로 접어 다림질합니다.

9

다음은 반대편에 핀턱을 만듭니다. 첫 번째 접은 부분에서 6mm 부분을 접어 다림질합니다.

Please have fun matching the colors of this design.
The pin-tucking can also be replaced by lace to make it easier.

{ materials : cotton/pattern fabric, 4mm lace, cotton/plain, snaps, embroidery thread }
1. For the collar take two pieces of the same size and draw the collar on one piece.
2. Take the collar pieces and match the edges, sew the blank lines as shown.   *3.* Cut the shape of the collar and cut small cuts in the seam on the round.
4. Turn the collar pieces inside out and iron.   *5.* Fold the piece of fabric for the bib.   *6.* Sew the first seam 1mm from the edge.
7. The first line is done.   *8.* Open the fold and iron.   *9.* Fold the fabric under the first line with a 6mm space from the edge and iron.

10

접은 곳에서 1mm 위치를 미싱으로 박아줍니다.

11

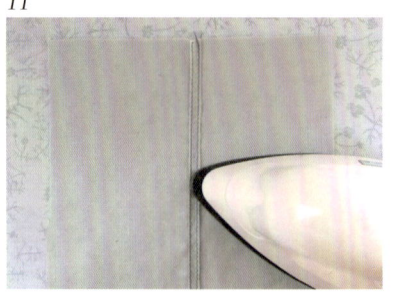

옷감을 펴고 박은 곳 반대쪽으로 접어서 다림질하여 정돈합니다.

12

조금 전에 접어 박은 곳에서 3mm 바깥쪽을 다림질하여 접고, 접은 부분에서 1mm 부분을 박아 바깥쪽으로 접습니다. 이 작업을 반복하여 핀턱을 만듭니다.

13

핀턱과 중심을 맞춰 비브 패턴을 그려 재단합니다. 다른 부분도 재단하고 가장자리를 올 풀림 방지액으로 처리해둡니다.

14

앞 몸판의 시접 모서리에 가위집을 냅니다.

15

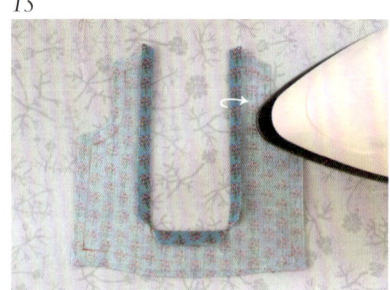

시접을 안쪽으로 접고 다림질합니다.

16

앞 몸판과 빕 부분을 패브릭 본드로 붙이고 미싱으로 박아줍니다.

17

이음새에 레이스를 올리고 패브릭 본드로 붙인 뒤, 박아줍니다.

18

앞 몸판과 뒤 몸판을 겉면이 마주 보도록 겹쳐 어깨를 박아줍니다.

10. Sew 1mm in from the edge of the new fold.   *11.* Open the fold and iron the new seam as shown.

12. Fold under 3mm from the new edge. Sew 1mm in from the edge. Repeat.

13. Trace the pattern for the bib on the pin tuck fabric. Put fray-stopper glue on the edges.

14. Cut the corners.   *15.* Fold the seam and iron.   *16.* Match the bib to the front with fabric glue and sew.

17. Put the lace on the front with fabric glue and sew.   *18.* Match the front and back by the shoulders and pin, sew together.

19

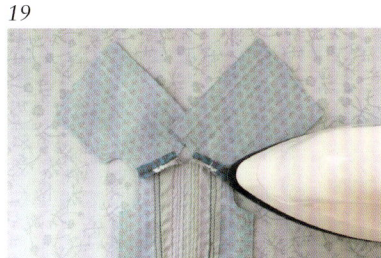

시접을 가름솔 정리하여 다림질합니다.

20

목둘레 시접에 여러 번 가위집을 냅니다.

21

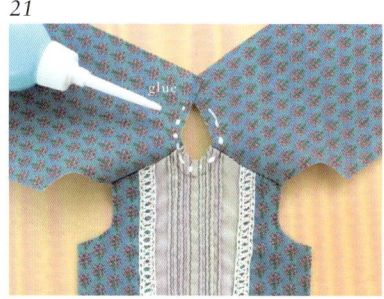

시접에 패브릭 본드를 바릅니다.

22

빕 중심에서 좌우로 균등하게 칼라를 붙인 뒤 박아줍니다.

23

칼라 시접에 여러 번 가위집을 냅니다.

24

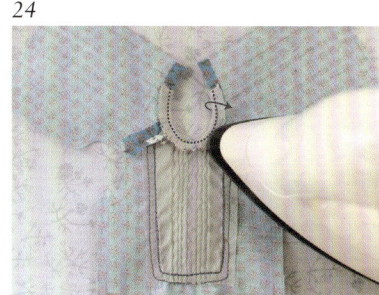

칼라 시접을 안쪽으로 접고 다림질하여 정돈한 뒤, 목둘레를 눌러 박듯 스티치를 넣습니다.

25

소매 입구 시접 부분에 주름을 잡기 위해 미싱 땀길이 2.5mm의 직선 재봉으로 1줄을 박아줍니다.(92쪽 참조.)

26

주름을 다림질하여 정돈하고 커프스와 소매 입구를 겉면이 마주 보도록 겹쳐 박아줍니다.

27

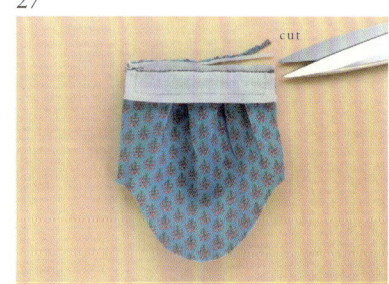

소매와 커프스의 시접을 3mm 폭만 남기고 잘라냅니다.

19. Unfold the seam and iron.   20. Make small cuts on the seam of the neck opening.   21. Put fabric glue on the edges.
22. Match the collar to the neck opening and sew.   23. Make small cuts on the seam.   24. Fold in side the seam, iron and sew the neck opening.
25. Gather the sleeve opening until the width fits the cuff. [refer to P.92]   26. Match the sleeve openings and the cuff and sew.   27. Cut the seam to 3mm.

28

시접을 감싸듯이 커프스를 3번 접어 다림질합니다.

29

커프스 단을 공그르기로 손바느질합니다.

30

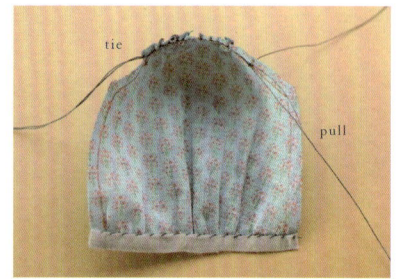

소매산의 시접 부분에 주름을 잡기 위해 미싱 땀길이
2.5mm의 직선 재봉으로 1줄을 박아줍니다. 몸판의 진
동둘레에 맞게 주름을 잡습니다.

31

몸판과 소매를 겉면이 마주 보도록 겹쳐 박아줍니다. 소
매산 시접과 암홀 시접을 조금씩 맞춰가며 미싱 노루발
을 몇 번이고 올려 확인하면서 박도록 합니다.

32

몸판에 소매를 붙였습니다. 시접을 소매 쪽으로 접어 다
림질하여 정돈합니다.

33

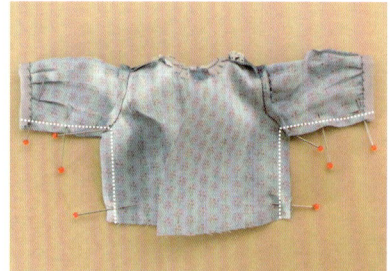

앞 몸판과 뒤 몸판을 겉면이 마주 보도록 겹치고, 소매
입구에서 옆선까지 박아줍니다.

34

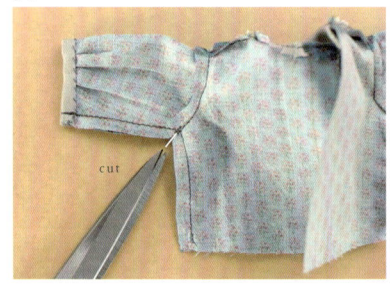

겨드랑이 시접에 가위집을 냅니다. 겉면으로 뒤집고 시
접을 가름솔 정리하여 다림질합니다.

35

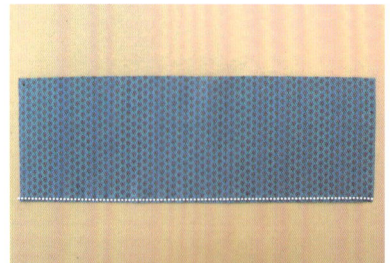

스커트 밑단 시접을 다림질하여 안쪽으로 접고 박아줍
니다.

36

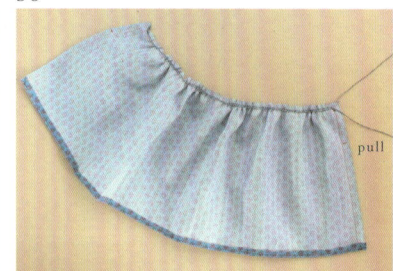

허리 시접 부분에 주름을 잡기 위해 미싱 땀길이
2.5mm의 직선 재봉으로 2줄을 박아줍니다. 몸판 허리
와 폭에 맞게 주름을 잡습니다.(92쪽 참조.)

28. Fold the cuff around the gathered sleeve. 29. Finish with a blind stitch. 30. Gather the shoulders until the width fits the armhole.
31. Match the side edge of the sleeve to the bodice and gradually sew the shoulder of the sleeve to the armhole, matching as you go.
32. Now your sleeves are attached. 33. Pin the side of the bodice and sleeves and sew.
34. Make cuts in seam allowance of the pits. Turn right side out and unfold the seam, iron.
35. Fold the skirt hem, iron and sew. 36. Gather the waist of the skirt until the width fits the waist. [refer P.92]

37

몸판과 스커트 허리를 겉면이 마주 보도록 겹쳐 박아줍니다.

38

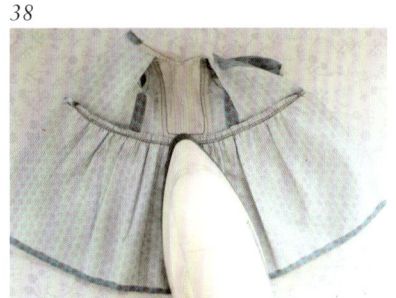

시접을 몸판 쪽으로 접어 다림질합니다.

39

허리 몸판 쪽에 눌러 박듯 스티치를 넣습니다.

40

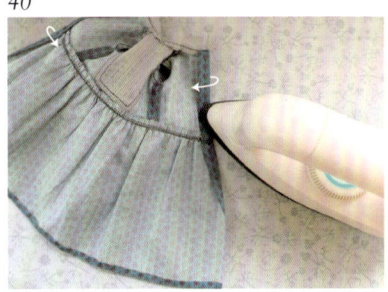

뒤트임을 '트임 끝' 표시보다 조금 아래까지 안쪽으로 접어 다림질합니다.

41

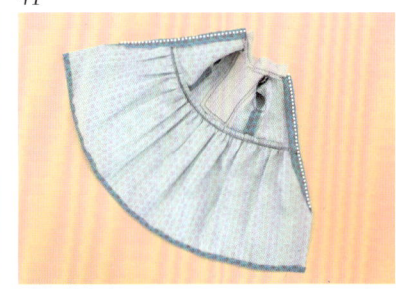

뒤트임을 박아줍니다.

42

옷단에서 '트임 끝'까지 뒤 중심을 겉면이 마주 보도록 겹쳐 박아줍니다.

43

시접을 가름솔 정리하여 다림질하고 겉으로 뒤집습니다.

44

자수실을 1줄로 잡고, 칼라 주변에 체인 스티치를 넣습니다.

45

뒤트임에 스냅 단추를 붙이면 완성입니다.

37. Sew the waist of the bodice and skirt.   *38*. Iron the seam up to the bodice.   *39*. Sew the edge of the bodice from the front.
40. Fold the seam down to where the openings should end and iron.   *41*. Sew the back opening.
42. Pin the two sides together and sew.   *43*. Unfold the seam and iron. Turn right side out.
44. Use one embroidery thread to chain-stitch on the collar for decoration.   *45*. Fasten the snap at the back opening.

Blouse

블라우스

소매 다트가 입체적인 형태의 블라우스.
레이스 없이 만들면 베이식 형태의 코디네이트하기 쉬운 아이템이 됩니다.

스트라이프 면 론	S	20cm × 17cm	8mm 레이스	S	칼라 12cm, 소매 6cm × 2줄
	M	25cm × 20cm		M	칼라 16cm, 소매 8cm × 2줄
	L	55cm × 20cm		L	칼라 24cm, 소매 12cm × 2줄
무지 면 론	S	12cm × 6cm	2.5mm 단추	S, M 2개 / L 6개	
	M	15cm × 10cm			
	L	20cm × 15cm	스냅 단추	S, M 2쌍 / L 5쌍	

1

패턴에 따라 각 부분을 재단하고 가장자리를 올 풀림 방지액으로 처리해둡니다. 앞 몸판과 뒤 몸판을 겉면이 마주 보도록 겹치고 어깨를 박아줍니다.

2

어깨 시접을 가름솔 정리하여 다림질합니다.

3

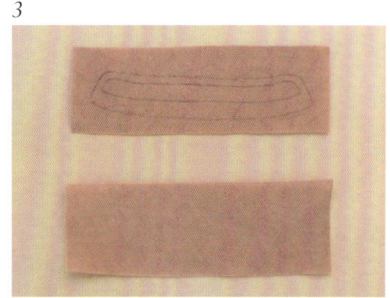

칼라의 패턴을 옷감에 옮겨 그려 조금 크게 재단하고, 같은 크기의 옷감을 1장 더 준비합니다.

4

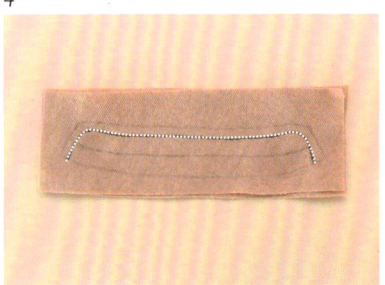

2장을 겉면이 마주 보도록 겹치고, 바깥쪽 완성선을 박아줍니다.

5

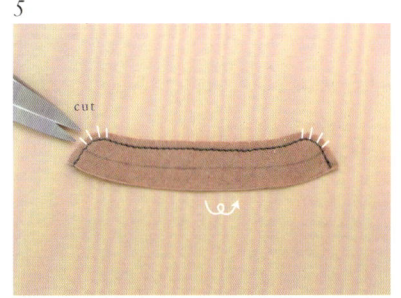

시접을 남기고 재단한 뒤, 곡선 부분에 가위집을 냅니다.

6

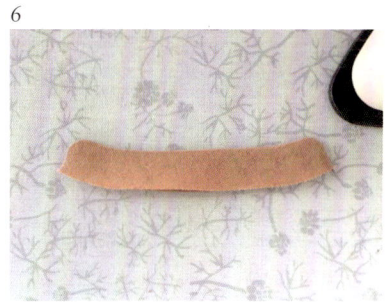

겉면으로 뒤집어 곡선을 깔끔하게 정리하여 다림질합니다.

7

몸판의 목둘레 시접에 가위집을 냅니다.

8

시접에 패브릭 본드를 바르고 칼라를 붙입니다.

9

앞 안단을 뒤집어 접습니다.

The shape of the sleeves looks neat and stylish thanks to the darts.
Widthout the lace, it can be a more basic item.

{ materials : cotton/stripe, cotton/plain, 8mm lace, 2.5mm buttons, snaps }

1. Cut out all the parts. Put fray-stopper glue on the edges. Match the front and back by the shoulders and sew.

2. Unfold the seam and iron.   3. For the collar take two pieces of the same size and draw the collar on one piece.

4. Take the collar pieces and match the edges and sew the white lines as pictured.

5. Cut the shape of the collar and cut small cuts in the seam on the round.   6. Turn the collar pieces inside out and iron.   7. Make small cuts on the seam.

8. Put the fabric glue on the edges.   9. Match the collar to the neck opening and fold the sides of the front over the edges of the collar.

10

목둘레를 박아줍니다.

11

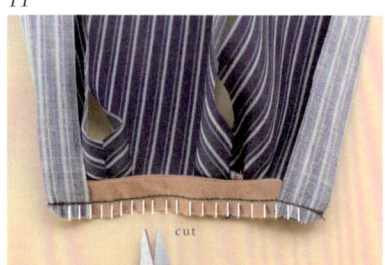

칼라 시접에 여러 번 가위집을 냅니다.

12

앞 안단을 겉으로 바로 뒤집고 칼라를 세워 정리하며 다림질합니다.

13

앞 안단을 접은 앞트임 끝에서 몸판 쪽 칼라 끝까지 눌러 박듯 스티치를 넣습니다.

14

앞트임에서 목둘레 몸판 그리고 다시 앞트임까지 눌러 박아줍니다.

15

칼라 부분의 레이스를 준비합니다. 레이스의 직선 부분 (모양이 없는 부분) 가장자리에 주름을 잡기 위해 미싱 땀길이 2.5mm의 직선 재봉으로 1줄을 박아줍니다.(92쪽 참조.)

16

칼라에서 앞 중심의 레이스를 달 위치까지 폭에 맞게 주름을 잡고 다림질하여 정돈합니다.

17

패브릭 본드로 레이스를 붙입니다.

18

레이스를 박아줍니다.

10. Sew the neck opening.   *11*. Make small cuts on the seam.   *12*. Turn right side out and iron as shown.
13-14. Sew the white line as shown.   *15-16*. Gather the lace until the width fits the collar. [refer P.92]
17. Attach the lace with fabric glue.   *18*. Sew the lace.

19

소매 다트 위치를 한 군데씩 겉면이 마주 보도록 접어
박아, 4개의 다트를 만듭니다.

20

다트 시접이 서로 안쪽을 향하도록 접어 다림질합니다.

21

※(사이즈인 경우에는 21번부터 34번부터의 소매 입구 작업
이 추가됩니다) 커프스와 소매 입구를 겉면이 마주 보도
록 겹쳐 박아줍니다.

22

시접을 커프스 쪽으로 접고, 커프스를 바로 뒤집습니다.

23

시접을 감싸듯이 3단으로 접어 다림질합니다.

24

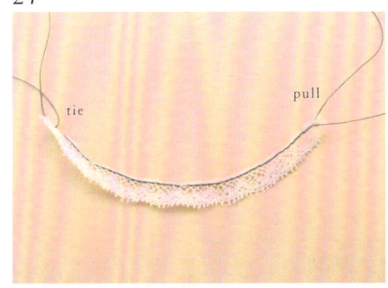

소매 입구용 레이스를 준비합니다. 레이스의 직선 부분
가장자리에 주름을 잡기 위해 미싱 땀길이 2.5mm의 직
선 재봉으로 1줄을 박아줍니다.

25

커프스 폭에 맞게 주름을 잡아 다림질하여 정돈합니다.

26

패브릭 본드로 레이스를 붙입니다.

27

레이스를 박고 커프스 전체에 스티치를 넣어줍니다.

19. Sew the darts of sleeves. *20.* Iron the darts. *21.* Match the sleeve openings and the cuff and sew. [Please jump to image 34 in the case of <L> size]
22. Iron the seam of the cuff. *23.* Fold the cuff around the seam.
24-25. Gather the lace until the width fits the sleeve opening and iron. *26.* Attach the lace with fabric glue. *27.* Sew the cuff.

28

소매산 시접 부분에 주름을 잡기 위해 미싱 땀길이 3mm의 직선 재봉으로 2줄을 박아주고 몸판의 진동둘레선에 맞게 주름을 잡아줍니다.(92쪽 참조.)

29

진동둘레와 소매산을 겉면이 마주 보도록 겹쳐 박아줍니다. 시접은 소매 쪽으로 접어 다림질합니다.

30

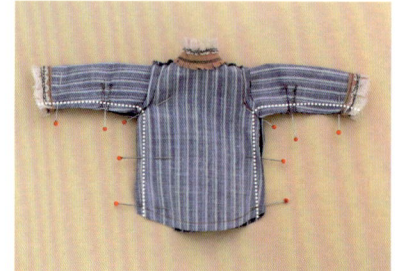

앞 몸판과 뒤 몸판을 겉면이 마주 보도록 겹치고, 소매 입구에서 옆선까지 박아줍니다.

31

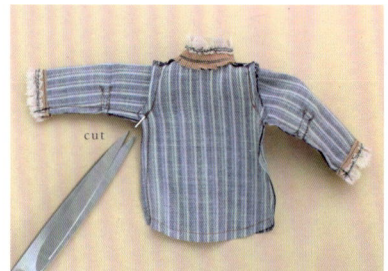

겨드랑이 시접에 가위집을 냅니다. 겉면으로 뒤집어 시접을 가름솔 정리하여 다림질합니다.

32

옷단 시접을 안쪽으로 접어 다림질한 뒤, 박아줍니다.

33

앞트임에 스냅 단추를 붙이고, 커프스에 장식 단추를 달면 S 사이즈와 M 사이즈는 완성입니다.

34

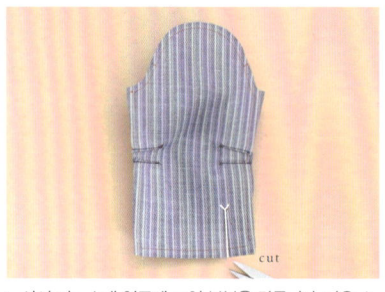

L 사이즈는 소매 입구에 트임 부분을 만듭니다. 좌우 소매 입구를 패턴처럼 가위집을 냅니다.

35

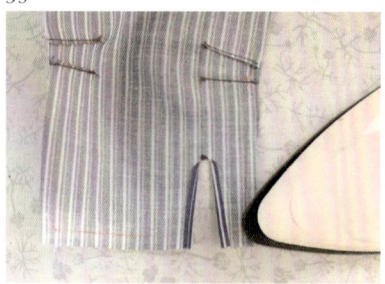

가위집을 낸 부분은 2mm 폭으로 안쪽으로 접어 다림질합니다.

36

스티치를 넣습니다.

28. Gather the shoulders until the width fits the armhole. [refer P.92]
29. Match the side edge of the sleeve to the bodice and gradually sew the shoulder of the sleeve to the armhole, matching as you go.
30. Pin the sides of the bodice and sleeves and sew.   31. Make cuts in seam allowance of the pits. Turn right side out and unfold the seam.
32. Iron the hem and sew.   33. Fasten snap at the opening and attach the button to the cuff.
34. For <L> size. Cut the sleeve opening as shown.   35. Fold the seam down and iron.   36. Sew the sleeve opening.

37

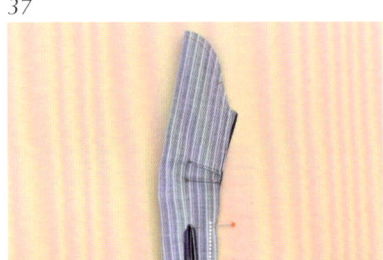

소매를 겉면이 마주 보도록 접어 소매 입구에서 2cm 정도까지 박아줍니다.

38

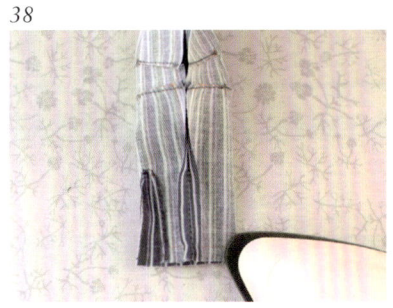

시접을 가름솔 정리하여 다림질합니다.

39

소매를 겉면으로 뒤집고 소매 입구에 커프스 1장을 겉면이 마주 보도록 겹쳐 박아줍니다.

40

커프스를 겉면으로 뒤집습니다.

41

다른 1장의 커프스도 조금 전 박은 커프스와 겉면이 마주 보도록 겹쳐 박고 시접 모서리를 잘라줍니다.

42

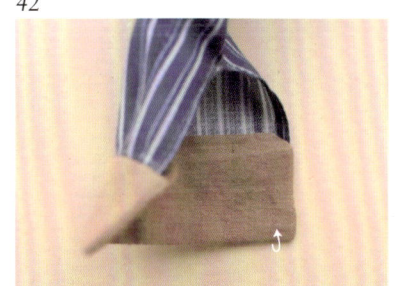

커프스를 겉면으로 뒤집고 다림질하여 정돈합니다.

43

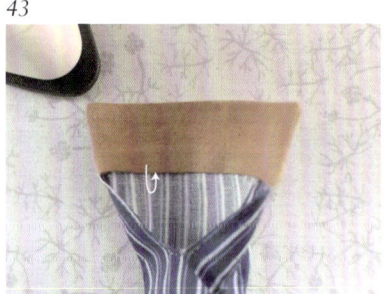

시접을 안쪽으로 접어 다림질합니다.

44

소매 입구용 레이스에 주름을 잡고, 커프스에 패브릭 본드를 붙이고 박아준 뒤, 커프스 전체에 스티치를 넣습니다.

45

소매를 안쪽으로 다시 뒤집고, 앞 몸판과 뒤 몸판은 겉면이 마주 보도록 겹치고 소매 입구에서 겨드랑이 옆선까지 박아줍니다. 마무리로 커프스에 스냅 단추와 장식 단추를 달아줍니다.

37. Sew 2cm from the edge as shown.   38. Unfold the seam and iron.   39. Turn the right side out. Match the sleeve to the cuff and sew.

40. Match the other cuff and sew. Turn right side out and iron.   41. Cut the corners as shown for easier folding.

42-43. Fold the seam inside and iron.   44. Gather the lace until the width fits the sleeve opening and sew.

45. Turn the sleeve inside out and sew as shown. From here, please go back to image 31.

Skirt

스커트

적당히 볼륨감 있는 개더스커트는 초보자에게 추천.

붉은색으로 제작했습니다만, 베이지나 검정색 계열의 무난한 색으로도 만들고 싶어집니다.

코튼 리넨	S	38cm × 15cm	4mm 단추	S, M 2개 / L 4개
	M	40cm × 20cm	스냅 단추	2쌍
	L	90cm × 30cm		

1
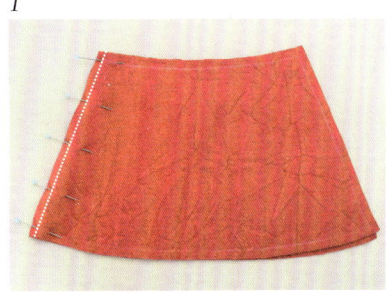

패턴에 따라 각 부분을 재단하고 가장자리를 올 풀림 방지액으로 처리해둡니다. 스커트를 겉면이 마주 보도록 겹치고 옆선을 박아줍니다.

2
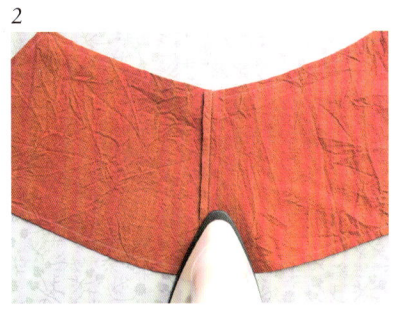

시접을 가름솔 정리하여 다림질합니다.

3
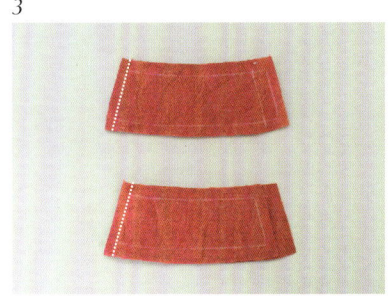

앞 요크와 뒤 요크를 겉면이 마주 보도록 겹쳐 박아줍니다. 겉감용과 안감용, 2장을 만듭니다.

4
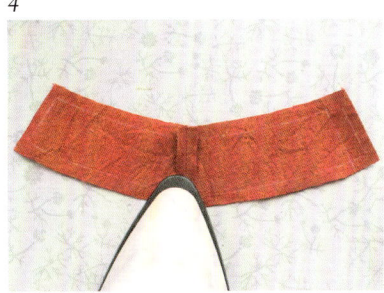

시접을 가름솔 처리하여 다림질합니다.

5

스커트 허리의 시접 부분에 주름을 잡기 위해 미싱 땀길이 3mm의 직선 재봉으로 2줄을 박아줍니다.(92쪽 참조.)

6
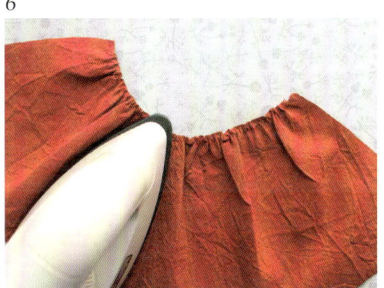

요크 폭에 맞게 주름을 잡고 다림질하여 정돈합니다.

7

스커트와 요크를 겉면이 마주 보도록 겹치고, 스커트 쪽 (뒤 요크 쪽) 시접을 안쪽으로 접습니다.

8

스커트와 요크를 겉면이 마주 보도록 겹쳐 박아줍니다.

9

시접을 위로 접고 다림질합니다.

Modest gathering is recommended for beginners.
This skirt will look wonderful in any color.

{ materials: cotton linen, 4mm buttons, snaps }

1. Cut out the parts. Put fray-stopper glue on the edges. Sew the skirt together.   *2.* Unfold the seam and iron.

3. Sew together front of the waist yoke. Make 2 sets.   *4.* Unfold the seam and iron.

5. Gather the waist of the skirt, until the width fits the waist yoke. [refer to P.92]   *6.* Iron the gathering.

7. Match the one yoke piece to the skirt. Fold the side seam over the yoke in one side.   *8.* Sew the waist.   *9.* Iron the seam up.

10

요크 위에 다른 1장의 요크를 겉면이 마주 보도록 겹쳐 박아줍니다.

11

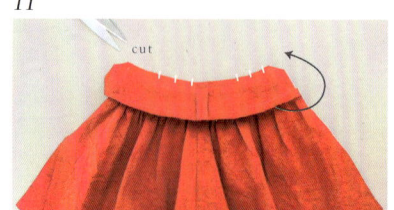

시접 모서리를 잘라내고, 곡선 부분에 가위집을 냅니다. 요크를 겉면으로 뒤집습니다.

12

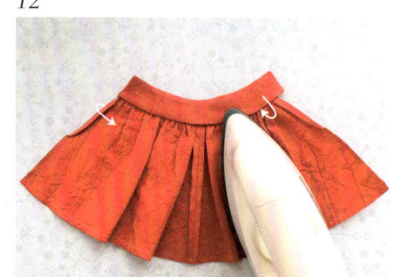

요크 시접을 안쪽으로 접어 다림질하여 정돈하고, 스커트 '트임 끝' 표시보다 약간 아래까지 사선으로 접습니다.

13

요크를 눌러 박듯 스티치를 넣습니다. 뒤 요크 쪽의 트임 부분을 박아줍니다.

14

스커트 밑단 시접을 안쪽으로 접어 다림질합니다.

15

스커트 밑단을 박아줍니다.

16

스커트 밑단에서 '트임 끝'까지 옆선을 겉면이 마주 보도록 겹쳐 박아줍니다.

17

시접을 가름솔 정리하여 다림질합니다.

18

물세탁하여 자연 건조한 뒤 장식 단추와 스냅 단추를 달면 완성입니다.

10. Match the other yoke piece to the attached yoke and sew as shown.   *11*. Cut the corners and along the seam. Turn the yoke right side out.
12. Fold the seam inside and iron.   *13*. Sew the yoke and opening.   *14*. Fold the hem of the skirt.   *15*. Sew the hem.   *16*. Sew the opening.
17. Unfold the seam and iron.   *18*. Wash the skirt in water and dry. This will give the cloth a natural finish. Fasten snaps and attach the buttons.

Vest & Corsage

조끼와 코사지

면이나 리넨으로 만들면 봄, 여름, 가을용으로 입힐 수 있는 조끼.
코사지는 전체적으로 밋밋한 느낌이 들 때 포인트가 됩니다.

가는 폭 코듀로이	S	16cm × 12cm	면 론	S 16cm × 10cm
	M	22cm × 15cm		M 22cm × 10cm
	L	30cm × 20cm		L 30cm × 18cm
2.5mm 단추	S, M 5개 L 6개		후크(수컷 부분)	S, M 2개 / L 3개
지철사			시침핀	

1

겉감의 앞 몸판과 뒤 몸판을 겉면이 마주 보도록 겹치고, 어깨를 박아줍니다.

2

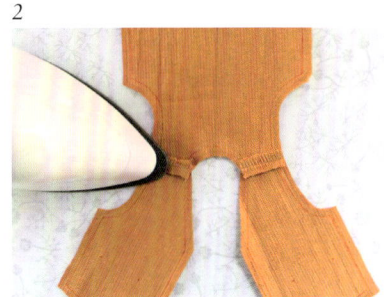

시접을 가름솔 정리하여 다림질합니다.

3

안감도 같은 방법으로 앞 몸판과 뒤 몸판을 겉면이 마주 보도록 겹치고 어깨를 박아줍니다.

4

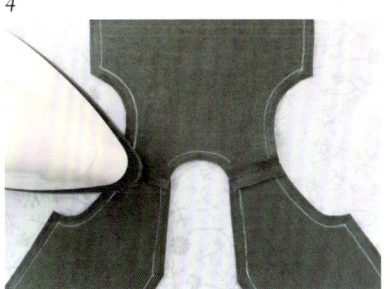

시접을 가름솔 정리하여 다림질합니다.

5

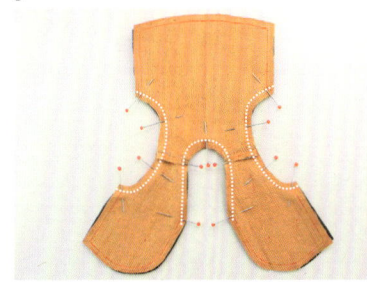

겉감과 안감을 겉면이 마주 보도록 하고 목둘레와 암홀을 박아줍니다.

6

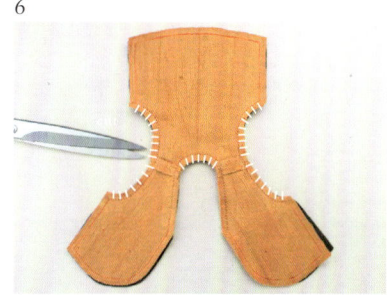

곡선 부분의 시접에 가위집을 냅니다.

7

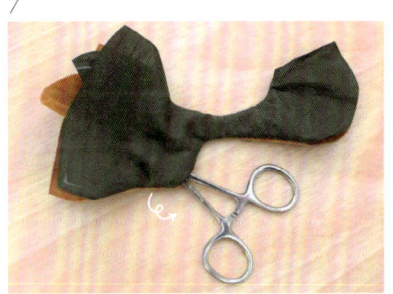

겸자 등을 이용하여 겉면으로 뒤집습니다.

8

송곳 등으로 모서리와 곡선 부분을 깔끔하게 정리하고 다림질합니다.

9

앞 몸판과 뒤 몸판의 겉감을 겉면이 마주 보도록 겹쳐서 시침핀으로 고정합니다. 같은 방법으로 앞 몸판과 뒤 몸판의 안감도 겉면이 마주 보도록 겹쳐서 시침핀으로 고정합니다.

To match the season, choose linen or cotton for a light feel.
The corsage adds a touch of style to the outfit.

{ materials: corduroy, cotton, 2.5mm buttons, hooks }
1. Match the front and back by the shoulders and sew.   *2.* Unfold the seam and iron.
3. Match the front and back of the lining by the shoulders and sew.   *4.* Unfold the seam and iron.
5. Match the outside and the lining and sew as shown.   *6.* Cut along the seam.   *7.* Turn right side out.   *8.* Try to make the edges look neat.
9. Match the sides of the outer side and pin together up to armhole. Fold the lining up so that back and front meet above the armhole and pin.

10

겉감의 겨드랑이와 안감의 겨드랑이를 각각 박아줍니다.

11

겉감과 안감의 시접을 가름솔 정리하여 다림질합니다. 겉감과 안감을 겉면이 마주 보도록 겹치고 앞트임에서 밑단까지 시침핀으로 고정합니다.

12

밑단의 창구멍을 남기고, 좌우 앞트임부터 밑단까지 박아줍니다.

13

시접의 모서리를 잘라내고, 곡선 부분에 가위집을 냅니다.

14

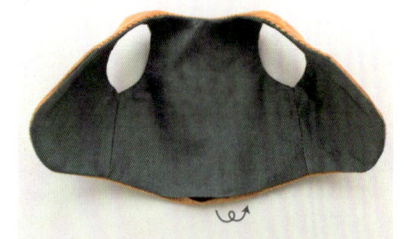

겸자 등으로 밑단 창구멍을 통해 겉면으로 뒤집습니다. 송곳 등으로 모서리와 곡선 부분을 깔끔하게 정리하고 다림질합니다.

15

밑단의 창구멍을 손바느질로 공그르기하여 마감합니다.

16

주머니 시접을 접어 다림질합니다.

17

주머니 입구를 박아줍니다.

18

주머니 곡선의 시접에 땀 간격 3mm 정도로 홈질합니다. 패턴에 맞게 실을 당겨 곡선을 만들고 시접을 다림질하여 정돈합니다.

10. Repeat on other side and sew both sides.   *11*. Match the lining and front side by the edges and pin.   *12*. Sew as shown.
13. Cut along the seam.   *14*. Turn right side out and iron.   *15*. Sew with blind stitch.
16-17. Fold the top of the pockets, iron and sew.   *18*. Use running stitch to sew the bottom of the pocket and fold.

19

반대쪽 시접도 접어 다림질합니다.

20

주머니 시접에 패브릭 본드를 붙여 몸판에 붙이고 박아
줍니다.

21

앞트임에 후크를 달고 반대쪽에 실로 고리를 만듭니다.
(P. 93 참조)

22

장식 단추를 달면 완성입니다.

23

겉감의 남은 천으로 코사지를 만듭니다. 1cm 정사각형
을 3장 자릅니다. 조화용 종이철사를 3cm 준비합니다.

24

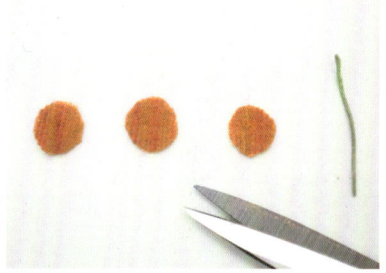

정사각형의 옷감 모서리를 잘라 동그랗게 만든 뒤 올 풀
림 방지액으로 처리해둡니다.

25

3장을 겹쳐서 가운데를 실로 박아줍니다.

26

종이철사를 반으로 접어 뒷부분에 같이 박아줍니다.

27

옷감을 꾸깃꾸깃하게 뭉쳐서 뒤에 시침핀이나 안전핀을
꿰매 달면 완성입니다.

19. Fold the side seam.   20. Attach the pockets on the bodice with glue and sew.   21. Attach the hooks and make thread loops. [refer to P.93]
22. Attach the front buttons.   23. Cut three 1cm squares.   24. Cut the corners and put fray-stopped glue on the edges.
25. Sew the three pieces together in the center.   26. Attach the wire.   27. Crumple the pieces. Attach the pin.

Trousers

바지

베스트와 세트로 만들어두고 싶은 바지.

면이나 리넨으로 만들고 세탁하여 빛바랜 듯한 느낌으로 완성하는 것도 좋습니다.

가는 폭 코듀로이	S	20cm × 18cm	주머니 안감용 면 론	S	6cm × 3cm
	M	30cm × 25cm		M	8cm × 5cm
	L	40cm × 35cm		L	10cm × 7cm
스냅 단추	S, M 1쌍 L 2쌍				

1

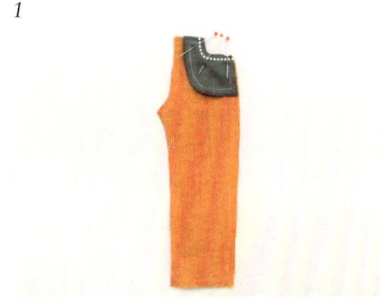

패턴에 따라 각 부분을 재단하고 가장자리를 올 풀림 방지액으로 처리해둡니다. 앞판 주머니 입구에 주머니 안감을 겉면이 마주 보도록 겹치고 입구를 박아줍니다.

2

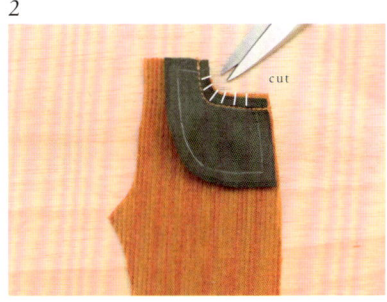

시접 부분에 가위집을 냅니다.

3

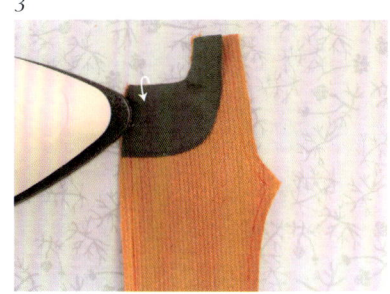

주머니 안감을 뒷면으로 뒤집어서 다림질하여 정돈합니다.

4

주머니 입구를 눌러 박듯 스티치를 넣습니다.

5

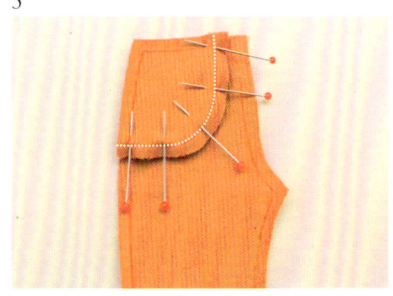

주머니 안감에 주머니 겉감을 겉면이 마주 보도록 겹쳐서 박아줍니다.

6

이때 아래에 있는 바지 앞판을 같이 박지 않도록 주의합니다.

7

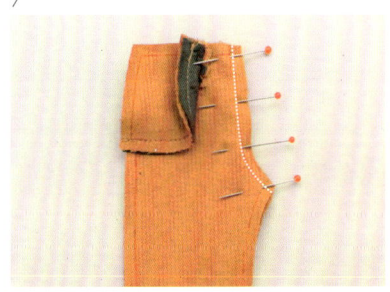

좌우 바지 앞판을 겉면이 마주 보도록 두고 위 가랑이 부분을 박아줍니다.

8

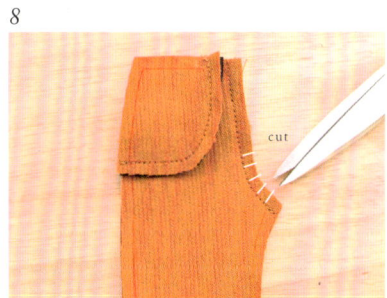

시접의 곡선 부분에 가위집을 냅니다.

9

시접을 가름솔 정리하여 다림질합니다.

Match these trousers to the vest for a full look.
Wash them in water for a more realistic look for cotton or linen.

{ materials: corduroy, cotton, snaps }

1. Cut out all parts. Put fray-stopper glue on the edges. Match the pocket and lining the outside of the front pieces and sew.
2. Cut along the seam.　*3-4.* Turn the pocket inside, iron and sew.　*5.* Match the back of the pocket and lining and sew.
6. Sew together the pocket back and lining. Make sure not to sew it to the front of the pants.
7. Sew together the front pieces in the center.　*8.* Cut along the seam.　*9.* Unfold the seam and iron.

10

위 가랑이 부분의 좌우를 눌러 박듯 스티치를 넣고, 왼쪽 정면 부분에 스티치를 넣습니다.

11

바지 앞판과 뒤판을 마주 보도록 겹치고 옆선을 박아줍니다.

12

시접을 가름솔 정리하여 다림질합니다.

13

옆선 좌우를 눌러 박듯 스티치를 넣습니다.

14

바짓단 시접을 안쪽으로 접어 다림질합니다.

15

바짓단을 박아줍니다.

16

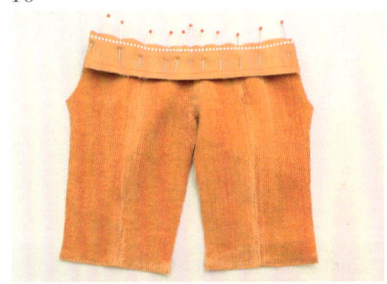

바지와 허리 벨트를 겉면이 마주 보도록 겹치고 허리 부분을 박아줍니다. 시접은 위로 접습니다.

17

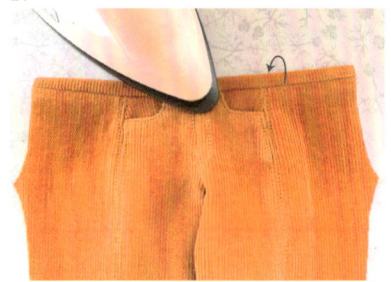

시접을 감싸듯 허리 벨트를 3단으로 접어 다림질합니다. 옷감이 두꺼울 경우는 2단으로 접어도 됩니다.

18

허리 벨트 쪽에서 눌러 박듯 스티치를 넣습니다.

10. Stitch the front center as shown.   *11*. Match the front and back of the pants and sew.   *12*. Unfold the seam and iron.
13. Sew the sides on the outside.   *14-15*. Fold the hem , iron and sew.
16. Match the pants and belt and sew. Iron the seam up.   *17-18*. Fold the belt and sew.

19

안쪽에서 봤을 때 오른쪽의 뒤판 위 가랑이 시접의 '트임 끝' 표시 부분에 가위집을 냅니다.

20

가위집 윗부분의 뒤트임의 시접을 안쪽으로 접어 다림질합니다.

21

뒤트임 부분을 박아줍니다.

22

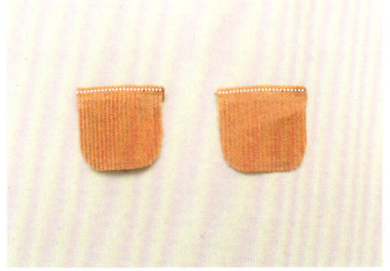

뒤 주머니의 주머니 입구 시접을 접어 박아줍니다.

23

주머니 곡선의 시접에 땀 간격 3mm 정도로 홈질합니다. 패턴에 맞게 실을 당겨 곡선을 만들고 시접을 다림질하여 정돈합니다.

24

주머니 시접에 패브릭 본드를 발라 바지 뒤판에 붙이고 박아줍니다.

25

바지 뒤판을 겉면이 마주 보도록 겹치고, 뒤판 위 가랑이를 '트임 끝'까지 박아줍니다. 시접을 가름솔 정리하여 다림질합니다.

26

바짓가랑이 아래 옆선을 박아줍니다.

27

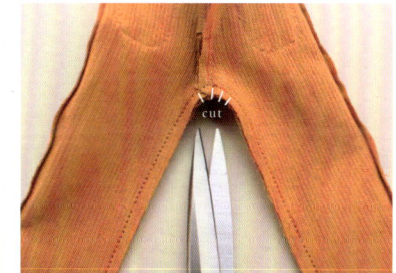

바짓가랑이 쪽 시접에 가위집을 내고 겉면으로 뒤집습니다. 뒤트임에 스냅 단추를 달면 완성입니다.

19. Cut the side of the back opening as shown. *20-21*. Fold the seam and sew. *22*. Fold the top of the pocket.
23. Sew the bottom of the pocket with running stitch and iron the seam. *24*. Attach the pocket and sew.
25. Sew the back opening and unfold the seam, iron. *26*. Sew the inseam. *27*. Cut the seam and turn the pants right side out. Fasten a snap.

Coat

코트

풍성한 스타일의 코트는 여성스럽고 귀여운 느낌.

면이나 리넨 등 옷감을 바꿔 만들면 계절감을 즐길 수 있습니다.

벨벳	S	30cm × 20cm	안감용 면 론	S	18cm × 4cm
	M	45cm × 25cm		M	25cm × 5cm
	L	75cm × 50cm		L	35cm × 7cm
후크(수컷 부분)	S, M 3개 / L 5개		4mm 단추	S, M 1개 L 3개	
스냅 단추	L 2개				

1

재단한 각 옷감은 가장자리를 올 풀림 방지액으로 처리하고, 뒤 몸판의 요크 양쪽 시접의 표시한 곳 사이를 주름을 잡기 위해 미싱 땀길이 3mm 직선 재봉으로 2줄을 박아줍니다.

2

뒤 요크 폭에 맞춰 주름을 잡아 다림질하여 정돈합니다.(92쪽 참조.)

3

뒤 몸판과 뒤 요크를 겉면이 마주 보도록 겹쳐 박아줍니다.

4

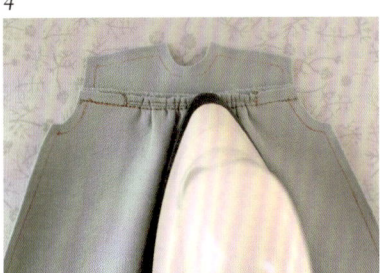

시접을 요크 쪽으로 접어 다림질합니다.

5

요크 쪽에서 눌러 박듯 스티치를 넣습니다.

6

앞 몸판의 요크 양쪽 시접의 표시한 사이를 주름을 잡기 위해 미싱 땀길이 3mm의 직선 재봉으로 2줄을 박아준 후 앞 요크의 완성 폭에 맞게 주름을 잡습니다.

7

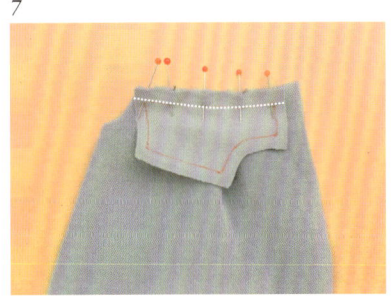

앞 몸판과 앞 요크를 겉면이 마주 보도록 겹쳐 박아줍니다.

8

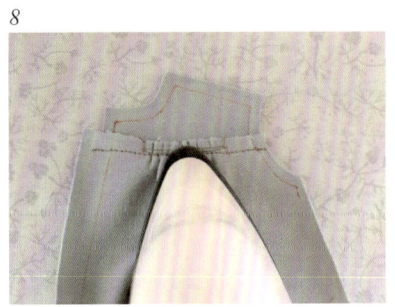

시접을 요크 쪽으로 접어 다림질하여 정돈합니다.

9

요크 쪽에서 눌러 박듯 스티치를 넣습니다.

This coat is a bit oversized for a more feminine look. Use
linen for a feel of spring or summer.

{ materials: velvet, cotton, hooks, 4mm buttons, for <L> snaps }

1-2. Cut out all the parts. Put fray-stopper glue on the edges. Gather the back until the width fits the back yoke. [refer to P.92]

3. Match the back yoke to the back and sew.   4-5. Iron the seam up and sew.

6. Gather the front until the width fits the front yoke.[refer to P.92]   7. Match the front yoke and front and sew.   8-9. Iron seam up and sew.

10

앞 몸판과 뒤 몸판을 겉면이 마주 보도록 겹쳐서 어깨를
박아줍니다.

11

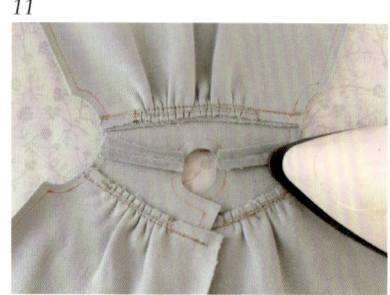

시접을 가름솔 정리하여 다림질합니다.

12

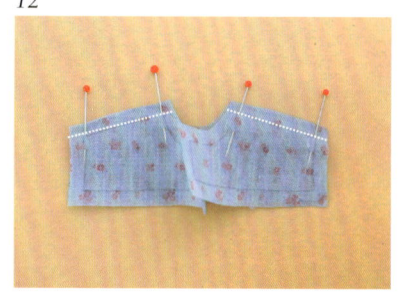

안감 앞 몸판과 뒤 몸판을 겉면이 마주 보도록 겹쳐서
어깨를 박아줍니다.

13

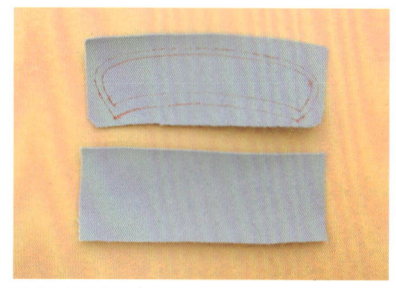

시접을 가름솔 정리하여 다림질합니다.

14

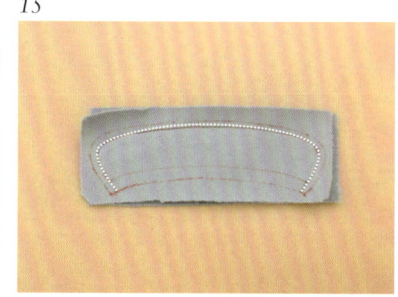

칼라를 옷감에 옮겨 그려 조금 크게 재단한 뒤, 같은 크
기 옷감을 1장 더 준비합니다.

15

2장을 겉면이 마주 보도록 겹쳐서 바깥쪽 완성선을 박
아줍니다.

16

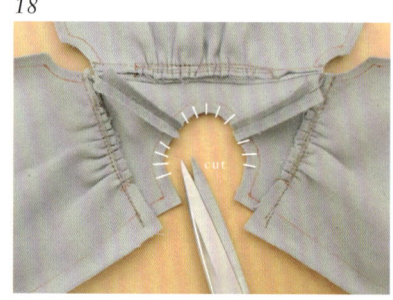

시접을 남기고 칼라를 재단한 뒤, 곡선 부분 시접에 여
러 번 가위집을 냅니다.

17

겉면으로 뒤집어 송곳 등으로 모서리와 곡선 부분을 깔
끔하게 정리하고 다림질합니다.

18

요크 목둘레 시접에 여러 번 가위집을 냅니다.

10. Match the front and back of the yoke by the shoulders and sew.
11. Unfold the seam and iron.   12. Match the front and back of the yoke by the shoulders and sew.
13. Unfold the seam and iron.   14. For the collar take two pieces of the same size, and draw the collar on one piece.
15. Take the collar pieces and match the edges, sew.   16. Cut the shapes of the collar and cut small cuts in the seam on the round.
17. Turn the collar piece right side out and iron.   18. Make small cuts along the seam.

19

시접에 패브릭 본드를 발라, 칼라를 겉면이 마주 보도록 겹쳐 붙입니다.

20

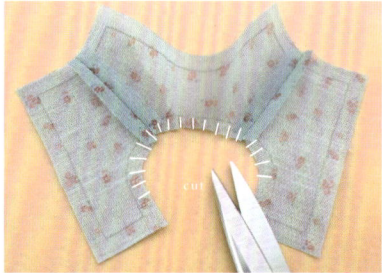

안감 목둘레 시접에 여러 번 가위집을 냅니다.

21

요크와 안감을 겉면이 마주 보도록 겹치고 시접에 패브릭 본드를 발라 붙인 후 앞트임부터 목둘레를 미싱으로 박아, 칼라 시접에 가위집을 내고 겉면으로 뒤집습니다.

22

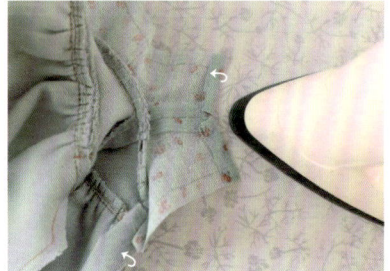

몸판 안단을 접어 다림질합니다. 안감의 목둘레 시접을 안쪽으로 접어 다림질합니다.

23

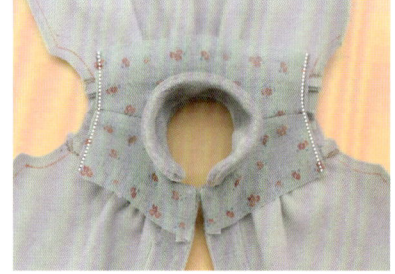

안감 목둘레를 박아줍니다.(아래 요크를 같이 박지 않도록 주의합니다.)

24

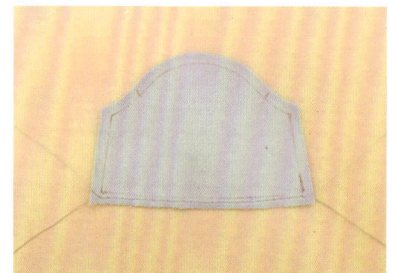

L 사이즈인 경우만 소매 입구에 가위집을 내고, 블라우스 34번에서 38번 설명과 같은 방법으로 만듭니다. 소매 입구에는 주름을 잡습니다.

25

소매 시접 부분에 주름을 잡기 위해 미싱 땀길이 3mm 의 직선 재봉으로 1줄을 박아줍니다

26

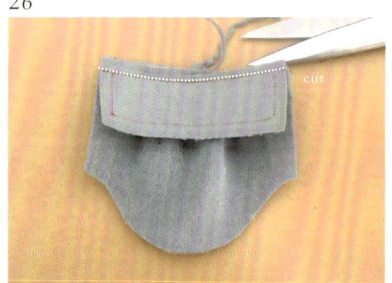

소매 입구와 커프스를 겉면에 마주 보도록 겹쳐 박고, 시접을 3mm 폭만 남기고 자릅니다.

27

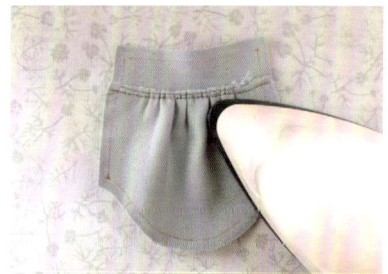

시접은 커프스 쪽으로 접고 커프스를 세웁니다.

19. Match the collar to the neck opening and attach with fabric glue.   *20*. Make small cuts along the seam of the yoke.
21. Match the yoke and the collar and sew.   *22-23*. Fold the armhole of back fabric iron and sew.
24. Gather the sleeve openings until the width fits the cuff. [refer to P.92] [Please jump to P62 image 34-38 in the case of <L> size]
25. Match the sleeve openings to the cuff and sew.   *26*. Cut the seam to 3mm.   *27*. Iron seam up.

28

시접을 감싸듯 커프스를 3단으로 접어 다림질합니다.

29

커프스 끝을 공그르기로 박아줍니다.

30

소매산의 시접 표시 부분 사이를 땀 간격 3mm 폭으로 주름용 박기를 1줄 넣습니다.

31

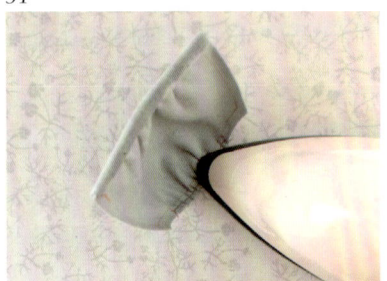

몸판 진동둘레 폭에 맞게 주름을 잡아 다림질하여 정돈합니다.

32

소매와 몸판을 겉면이 마주 보도록 겹쳐 박아줍니다. 소매산의 시접과 진동둘레 시접을 조금씩 맞추며 미싱 노루발을 몇 번이든 들어 확인하며 박아줍니다.

33

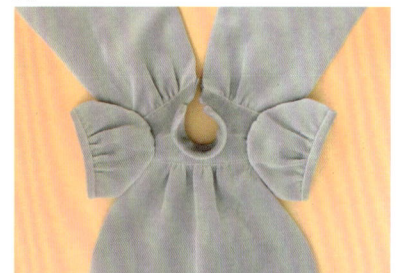

몸판에 소매를 붙였습니다. 시접을 소매 쪽으로 접어 다림질합니다.

34

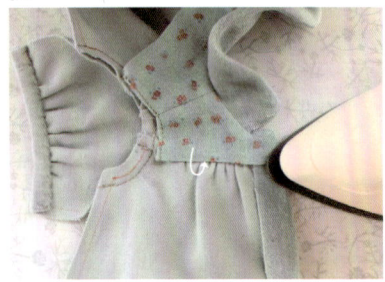

안감의 앞 몸판의 시접을 안쪽으로 접어 다림질합니다.

35

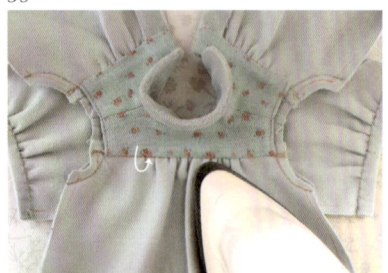

안감의 뒤 몸판의 시접을 안쪽으로 접어 다림질합니다.

36

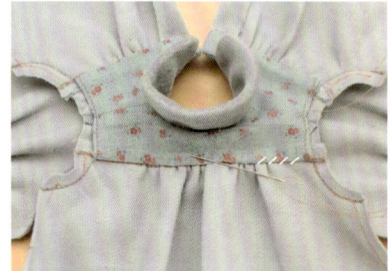

안감을 뒤 몸판에 손바느질로 공그르기하여 마감합니다.

28. Fold the cuff around the gathering.   29. Finish with a blind stitch.   30-31. Gather the shoulders until the width fits the armhole and iron.

32. Match the side edge of the sleeve to the bodice and gradually sew the shoulder of the sleeve to the armhole, matching as you go.

33. Now your sleeves are attached!   34-35. Fold the edge of the yoke under and iron.   36-37. Finish with a blind stitch.

37

안감과 앞 몸판도 손바느질로 공그르기하여 마감합니다.

38

앞 몸판과 뒤 몸판을 겉면이 마주 보도록 겹치고, 소매 입구에서 겨드랑이, 옆선까지 박아줍니다.

39

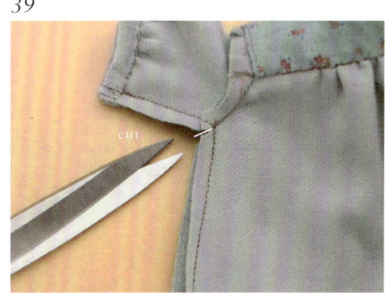

겨드랑이 시접에 가위집을 냅니다.

40

겉면으로 뒤집어서 시접을 가름솔 정리하여 다림질합니다.

41

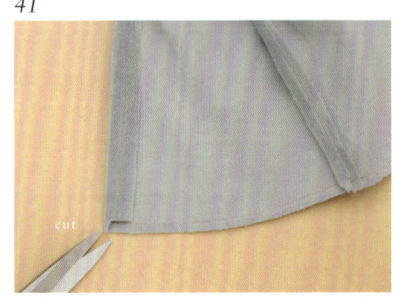

앞 안단의 시접 끝을 사진처럼 잘라줍니다.

42

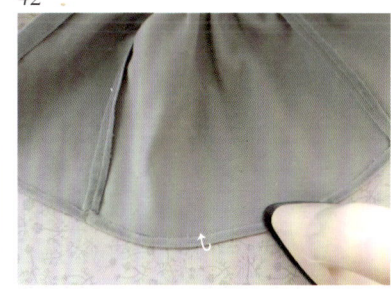

옷단 시접을 안쪽으로 접어 다림질합니다.

43

목둘레에서 앞트임, 옷단, 앞트임, 목둘레 순으로 한 바퀴 눌러 박듯 스티치를 넣어줍니다.

44

장식 단추를 달아줍니다. ※(L 사이즈는 소매 입구에 스냅 단추와 장식 단추를 달아줍니다.)

45

앞트임에 후크를 달아 반대쪽에 실로 고리를 만들어 (93쪽 참조) 완성합니다.

38. Pin the sides of the bodice and sleeves and sew. *39.* Make cuts in seam allowance of the pits.
40. Turn right side out. Unfold the seams and iron. *41.* Cut the end of the hem as pictured. *42.* Iron the hem and sew.
43. Sew around the edges as pictured. *44.* Attach the button. *45.* Attach the hooks and make thread loops. [refer to P.93]

숄더백

Shoulder Bag

만들기 쉽지만 이걸 들면 외출 스타일로 변신.

두꺼운 가죽은 꿰매기 어려우니, 얇고 부드러운 가죽으로 만드는 게 포인트입니다.

본체용 가죽	S	5cm × 4cm	어깨 끈용 가죽	S	3mm × 15.5cm
	M	8cm × 6cm		M	3mm × 19cm
	L	10cm × 7cm		L	3mm × 32cm
4mm O링	2개				

1

패턴에 따라 가죽을 재단합니다. 가방 본체를 겉면이 마주 보도록 반을 접고, 양끝을 박아줍니다. 미싱으로 박을 때는 아래에 얇은 종이를 깔고 같이 박아줍니다.

2

박은 양끝은 되박기를 하고, 실 끝을 묶어둡니다.

3

겉면으로 뒤집습니다.

4

덮개의 '접착 부분'에 가죽용 접착제를 바릅니다.

5

본체 외부의 안쪽에 덮개를 붙입니다.

6

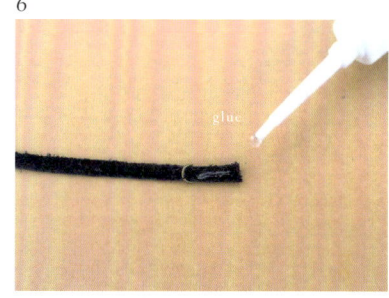

어깨끈용으로 재단한 가죽에 4mm O링을 끼우고, 끝에서 1cm 부근에 접착제를 바릅니다.

7

끈을 접어 붙이고 말립니다.

8

O링을 본체에 꿰매 붙입니다.

9

숄더백 완성입니다.

It's so easy to make, but has a lot of impact on any outfit.
A soft, thin leather is recommended for easier sewing.

{ materials: leather, 4mm round jumpring, leather glue }

1-2. Cut out all the parts. Fold the bag in two and sew the sides with paper under the leather.

3. Turn right side out.   4. Put the leather glue on the top of the flap.   5. Attach.

6-7. Thread a round jumpring on to the shoulder strap, fold the end over and attach with leather glue.   8. Sew the shoulder strap on the bag.   9. Finished!

부츠와 양말
Boots & Socks

멋스러움은 발끝부터.
다양한 색상으로 만들어보세요.

2가지 색의	S	각 5cm × 8cm	안창용 면 론	S	3cm × 2.5cm
얇은 가죽	M	각 5.5cm × 9cm		M	3cm × 3cm
	L	각 20cm × 13cm		L	7cm × 7.5cm
구두 밑창용	S	5cm × 3cm	양말용 니트	S	8cm × 8cm
두꺼운 가죽	M	6cm × 4cm		M	10cm × 10cm
	L	11cm × 7cm		L	20cm × 20cm
실크 리본	S,M 60cm L 80cm		두꺼운 종이, 양면 테이프, 1.5mm 펀치, 재단판, 망치		

1

구두 밑창용 가죽으로 재단한 굽 2장을 가죽용 접착제로 겹쳐 붙입니다.

2

S 사이즈와 M 사이즈는 2장씩, L 사이즈는 4장씩 겹칩니다.

3

가죽용 접착제로 구두 밑창 발꿈치에 굽을 겹쳐 붙입니다.

4

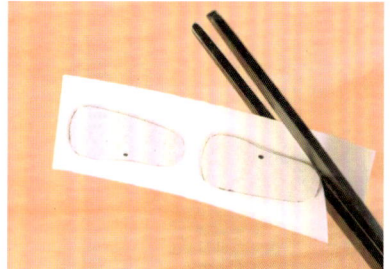

구두 밑창 패턴을 두꺼운 종이에 옮겨 그려서 안창을 만들고, 겉면에 양면테이프를 붙여서 재단합니다.

5

양면테이프의 필름을 떼어 안창용 옷감에 붙입니다.

6

안창용 옷감을 잘라냅니다.

7

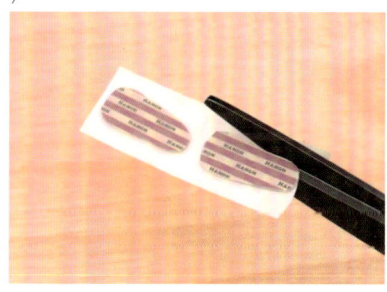

안창 안쪽에도 양면테이프를 붙여 재단합니다.

8

부품 A의 가죽 가장자리에 장식 스티치를 넣어줍니다. 미싱으로 박을 때는 아래에 얇은 종이를 깔고 같이 박아줍니다.

9

실 끝을 묶어 정리하고 종이를 떼어냅니다.

A look starts with a good pair of shoes!!
Try many different colors.

{ materials: leather, cotton, silk ribbon, cardboard, double sided tape, leather glue }

1-2. Glue the heel pieces together, 2pieces for S / M, 4 pieces for L.   3. Attach the heel to the sole with glue.

4. Trace the insoles on cardboard and cut. Put the cardboard sole on double side tape.

5-6. Attach fabric and cut along the soles.   7. Attach the other side to double side tape and cut along the soles.

8. Saw along the sides of piece A for decoration, with a piece of paper under A.   9. Detach the paper slowly so it doesn't tear.

10

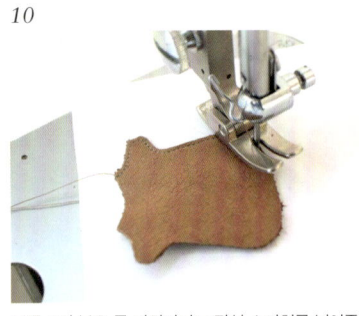

부품 B의 부츠 통 가장자리도 장식 스티치를 넣어줍니다.

11

실 끝을 묶어 정리하고 종이를 떼어냅니다.

12

부품 B에 구멍을 뚫습니다. 1.5mm 펀치, 재단판, 망치를 준비합니다.(펀치가 없을 경우에는 송곳을 이용하여 구멍을 뚫습니다.)

13

구멍 위치가 좌우 대칭이 되도록 미리 위치를 표시하고, 가죽에 펀치를 수직으로 세워 망치로 두드려 구멍을 냅니다.

14

좌우 가장자리에 4군데씩 구멍을 뚫었습니다.

15

glue

부품 A의 겉면에 사진 위치와 같은 곳에 가죽용 접착제를 바릅니다.

16

부품 B의 부츠 통 끝이 A의 접착제 위치에 2mm 정도 겹쳐지도록 붙입니다.(L 사이즈는 3mm)

17

반대쪽도 같은 방법으로 겹쳐 붙이고, 잘 붙도록 완전히 말려줍니다.

18

부품 A의 앞코 부분에 작은 땀으로 홈질합니다.

10-11. Repeat with piece B.   *12-14.* Use a 1.5mm hole punch and piece part B (for the ribbon).
15. Spread glue along the sides as shown.   *16-17.* Attach A and B as shown.   *18.* Use gather stitch along the toe.

19

실을 당겨서 주름을 만들고 앞코를 둥글게 만듭니다.

20

안창의 안쪽 양면테이프 필름을 떼고, 안창을 감싸듯 부츠 바닥에 끼웁니다.

21

안창을 감싸듯 가죽을 안쪽으로 접고, 바닥에 가죽용 접착제를 바릅니다.

22

구두 밑창을 붙입니다.

23

잘 붙도록 접착제를 말리고 모양을 잡습니다.

24

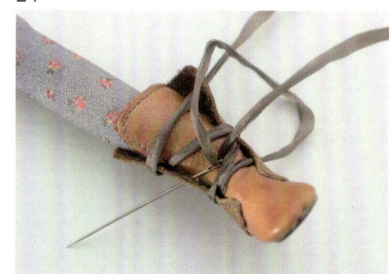

인형 발에 부츠를 신겨서 리본을 묶어주면 완성입니다.

25

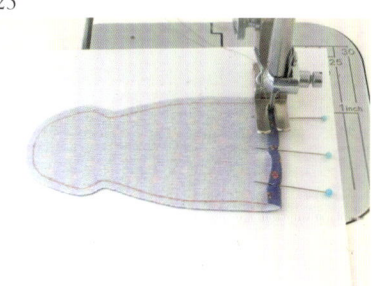

니트로 만드는 양말도 얇은 종이를 아래에 깔고 같이 박아주면 깔끔하게 박을 수 있습니다. 양말 입구는 안쪽으로 접어 날라리사로 박아줍니다.

26

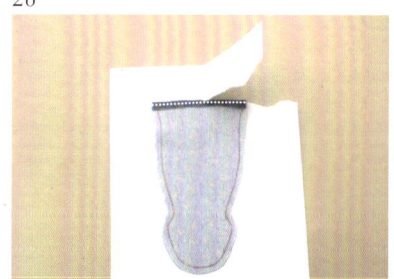

다 박은 뒤에 종이를 떼어냅니다.

27

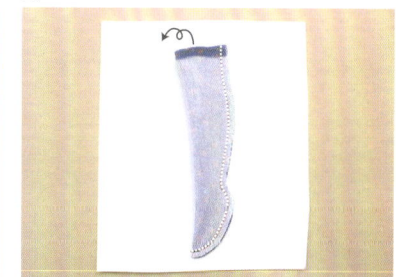

겉면이 마주 보도록 접고, 아래에 종이를 깔아 같이 박아줍니다. 종이를 떼어내고 겉면으로 뒤집으면 완성입니다.

19. Gather the toe to make it round. 20. Place the insole inside with the tape side down and stick the leather.
21. Spread leather glue all over the bottom. 22. Attach the sole. 23. Once the glue is dry, shape the toe.
24. Thread ribbon through the hole. 25. Pin and sew the sock opening as shown, keep a piece of paper under the fabric.
26. Tear away the paper. 27. Fold the sock and sew as shown.Turn right side out.

여우봉제인형(혀 내민 여우)
Sneaky Stuffed Fox

외출할 때 데리고 나가면 좋을 여우봉제인형.
귀여운 표정을 보면 마음이 여유로워집니다.

미니어처 모피	남동생 (솔로) 15cm×10cm
	형 (르나르) 15cm×11cm
자수실	검정색, 빨간색
시침핀, 아크릴 물감, 솜	

1

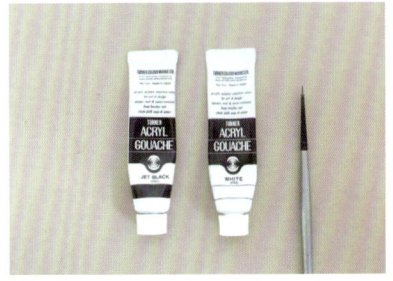

먼저 눈을 만듭니다. 아크릴 물감의 흰색과 검정색, 붓을 준비합니다.

2

시침핀을 2개 준비하고 머리 부분을 흰색으로 칠합니다.

3

흰색이 다 마르면 검정색으로 눈동자를 그립니다.

4

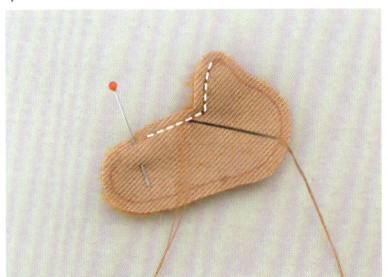

털의 결 방향에 주의하면서 패턴을 그려 재단합니다. 몸판을 겉면을 마주 보도록 겹쳐서 코끝에서 배 부분의 창구멍 전까지 박음질합니다.

5

표시에 맞춰 몸판 사이에 머리 부분을 넣어, 겉면이 마주 보도록 겹쳐서 코끝에서 뒤통수까지 꿰맵니다.

6

뒤통수부터 창구멍까지 겉면이 마주 보도록 겹친 상태에서 꿰매고, 시접에 가위집을 내고 아래쪽 창구멍에서 뒤집어줍니다.

7

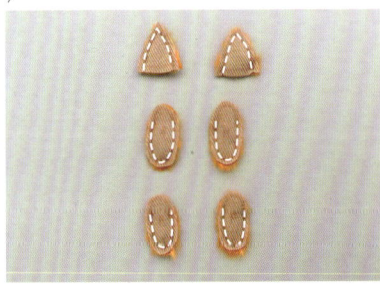

귀, 앞발, 뒷발을 겉면이 마주 보도록 겹쳐서 창구멍을 남기고 꿰맵니다.

8

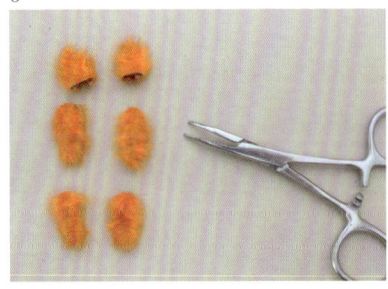

귀 시접 모서리를 잘라내고, 앞발과 뒷발의 시접에는 가위집을 내어 겉면으로 뒤집습니다.

9

몸통에 솜을 채웁니다.

Take this sneaky little fox with you out and about.

{ materials : mohair, embroidery thread, pins, acrylic paint, leather glue }
1. For the eyes, use acrylic paint.   2. Paint the ends of the pins.   3. When the white is dry, paint black dots.
4. Match the torso pieces and hand sew starting from the nose as shown.   5. Sew the top of the head to the torso pieces.   6. Turn right side out.
7. Sew the edges of the feet, hands and ears as show.   8. Turn right side out.   9. Stuff all the parts.

10

공그르기로 창구멍을 꿰맵니다. 앞발, 뒷발도 같은 방법으로 솜을 넣어 창구멍을 꿰맵니다.

11

몸통에 앞발을 꿰매 붙입니다. 실 위치가 한 점에 모이도록 바늘을 잘 통과시키고, 몇 번 왕복합니다.

12

같은 방법으로 뒷발과 귀도 꿰매 붙입니다.

13

눈 위치에 송곳으로 구멍을 뚫고 시침핀으로 만든 눈에 접착제를 발라 꽂아 넣습니다.

14

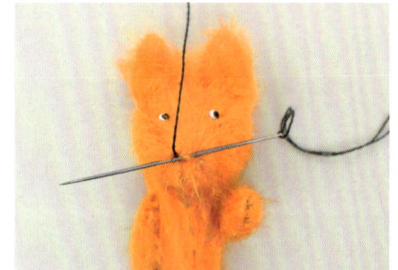

검정색 자수실을 1줄로 잡고, 코에 스티치를 넣습니다.

15

자수실로 수염을 만듭니다. 끝에서 2cm 정도 위치에 매듭짓고, 반대쪽으로 꺼내 다시 매듭짓습니다. 실을 약간 남기고 잘라줍니다.

16

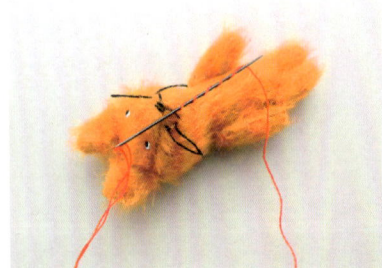

빨간색 자수실을 1줄로 잡고, 헛바닥을 만들 위치에 바늘을 꽂은 상태로 바늘에 5회 정도 감습니다.

17

바늘을 뽑은 바로 옆에 다시 꽂아 실을 잡아당기면 헛바닥이 됩니다.

18

목에 리본을 달면 완성입니다.

10. Finish with blind stitch.   11. Attach the arms by the shoulders going through the torso 3 times.   12. Attach feet and ears.
13. Piece the face where you want the eyes, put glue in the holes an insert the pins.   14. With black embroidery thread, stitch the nose.
15. Add mouth and whiskers.   16-17. With red thread, wrap the needle 5 time and stitch to the mouth.   18. Finish with ribbon!

주름

Gather

스커트, 소매, 커프스 등에 주름을 만드는 방법입니다.

1

미싱 땀을 조절하여 땀길이를 2.5mm~3mm로 조정합니다.

2

박기 시작할 때 되박기는 하지 않고 시접의 가운데 부근을 박아줍니다.

3

양끝 실을 당기기 쉽도록 15cm 정도 남깁니다.

4

첫 번째 박은 위치 바로 옆에 두 번째를 평행하게 박아줍니다.

5

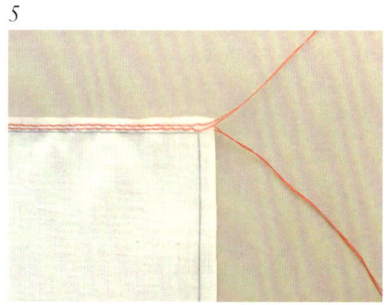

위와 아래 실로 각각 나눕니다.

6

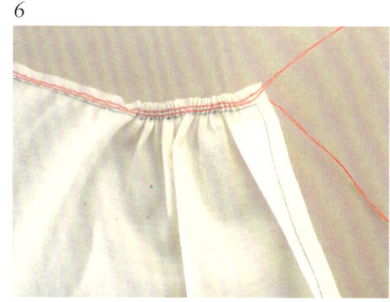

윗실 2줄만 당겨서 주름을 잡습니다. 주름을 잡는 폭이 길 때는 양쪽에서 당기고, 짧을 때는 한쪽을 묶고 반대쪽에서 당깁니다.

7

필요한 길이만큼 주름을 잡으면, 윗실을 같이 묶어줍니다. 아래 실도 마찬가지로 묶어줍니다. 반대쪽도 같은 방법으로 묶어줍니다. 주름 폭을 고정합니다.

8

주름 간격을 정돈하고 다림질합니다.

9

주름 완성입니다. 시접의 주름용 실이 남는 게 신경 쓰일 때는 실을 뽑아도 됩니다.

1. Set the machine to 2.5-3.0mm stitch.   *2.* Do not use back stitch as usual the start or end. Sew once along the edge.
3. Leave about 15cm of thread allowance on each side.   *4.* Sew a second line next to the first in the same way.
5. Separate both upper threads from the lower on each side.   *6.* Pull the upper threads while gathering the fabric.
7. When you have the desired width, knot all threads together on either side.   *8.* Iron the gathering to make it neat.   *9.* Cut away the thread allowance.

실 고리

Thread Loop

조끼, 코트의 앞 여밈단에 다는 '실 고리' 만드는 법입니다.

1

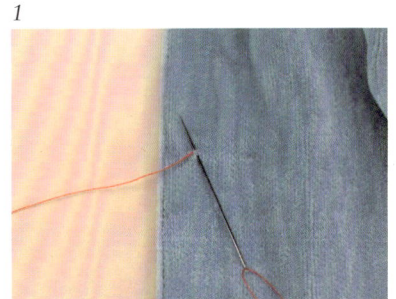

바늘에 실을 1줄로 잡습니다. 후크가 오는 위치에 실을 뽑아 바늘이 나온 바로 옆 옷감을 조금 뜹니다.

2

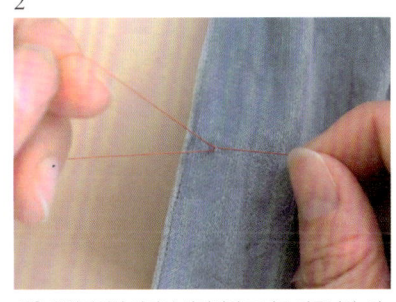

실을 중간까지만 당겨서 사진처럼 고리를 만듭니다. 여기서부터는 손으로 뜹니다.

3

고리에 오른손 실을 걸고 새로운 고리를 만듭니다.

4

실을 당겨 먼저 만든 고리가 작아지도록 합니다.

5

이걸로 첫 번째를 떴습니다. 새로 생긴 고리에 다시 오른손 실을 걸어서 같은 방법으로 반복해서 뜹니다.

6

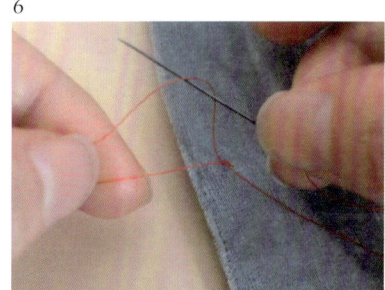

이렇게 뜬 고리가 후크 폭보다 조금 길게 만들어졌다면, 고리에 실을 완전히 통과해서 마무리 짓습니다.

7

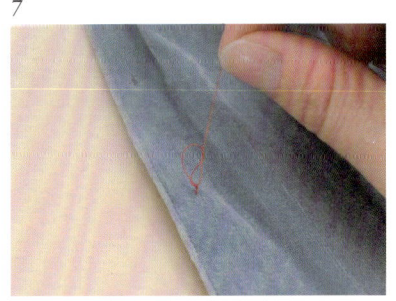

실을 당겨 고리가 작아지도록 합니다.

8

뜬 부분이 마무리 지어졌습니다.

9

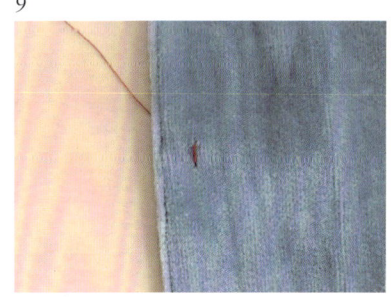

앞트임과 평행하게 실을 꽂아 매듭지으면 실 고리 완성입니다.

1. Pull the thread through once. Next to the opening, as if stitching, piece the fabric but don't pull the looped thread all the way.
2. Use your index and ring fingers to grab the loop, and hold the end with your other hand as shown.
3. With your middle finger, grab the end and bring it through the loop.
4. Release the thread from your index and ring fingers, and pull the loop on your middle finger.
5-6. Repeat steps 2-5 until you have the desired length (to match the hook).
7. Thread the needle through the loop and pull. 8-9. Fasten the end by pulling the end through the fabric and tie.

Dolls

이 책의 모델로 등장한 인형을 소개합니다.
빈티지 돌 '벳시 맥콜' 외에는 피부색과 머리 모양 등을 바꾼
다양한 타입의 인형이 각 메이커에서 발매되고 있습니다.
지면 모델 인형에는 이 책을 위한 커스텀 메이크업을 하였습니다.

S 사이즈 모델
'미디 브라이스'

네오 브라이스와 푸치 브라이스의 중간 사이즈로, CWC가 프로듀스하여 2010년에 다카라 토미에서 발매된 인형. 안구색은 한 가지고, 후두부 다이얼을 돌려 눈 위치를 좌우로 움직일 수 있습니다. 전체 높이는 약 20cm, B 8.5, W 5.5, H 8.0(cm)으로 꽤 작은 사이즈 입니다.

[문의] CWC http://www.blythedoll.com

M 사이즈 모델
'네오 브라이스'

약 3등신의 큰 머리에 안구색을 네 가지로 바꿀 수 있도록 머리 뒤에 풀링pulring이라는끈이 달린 인형. 1972년에 미국 케나 사에서 발매된 인형이 주목 받아, 2001년에 다카라 토미에서 다시 발매됐습니다. 전체 높이는 약 28.5cm이지만, 보디 사이즈는 리카와 비슷해서 B 10.5, W7.5, H10.0(cm)입니다.

[문의] CWC http://www.blythedoll.com

L 사이즈 모델
'유노아 크루스 여자아이'

인형 조형사 아라키 겐타로가 직접 만든 수지 제품의 구체 관절 인형. 기본적으로 미조립, 미도장 키트 판매라서 직접 얼굴에 메이크업을 하고 안구와 가발을 장착하여 완성합니다. 연금술공방에서 정기적으로 수주 생산하고 있습니다. 전체 높이 약 42cm, B 15.5/16.9, W 12.5, H 18.4(cm).

[문의] 연금술공방 http://www.alchemiclabo.com

샘플 사이즈 모델
'유노아'

세키구치에서 발매되고 있는 1/6 사이즈의 완성품 인형. 가동 범위가 넓고 자연스러우며, 리얼한 조형이 특징. 원형은 아라키 겐타로가 제작. 전체 높이는 약 27cm, B 10.5, W 6.8, H 11.0(cm)입니다.

[문의] 세키구치 http://www.sekiguchi.co.jp

샘플 사이즈 모델
'벳시 맥콜'

1957년에 아메리칸 캐릭터 사에서 발매된 빈티지 인형. 2007년부터 미국 도나 사에서 타이니 벳시 맥콜Tiny Betsy McCall로 발매됐습니다. 전체 높이는 약 20cm, B 8.9, W 7.2, H 10.1(cm)입니다.

※현재는 판매되지 않습니다.

촬영 : 가즈라 타카노리, 다나카 마사코(uNdercurrent)

스타일링 : 오하시 리에코

디지털 트레이스 : 규스케 유카리

영어 번역 : 이토스 마리아

촬영 협력 : kinoe-ne(미니어처 행거), coeul lapin(유리 안구)

편집 : 스즈키 요코

디자인 : 다나카 마사코(uNdercurrent)

협력 : 주식회사 CWC, 주식회사 연금술공방, 주식회사 세키구치

DOLL SEWING BOOK 〈HANON〉 by SATOMI FUJII

Copyright © SATOMI FUJII 2016 / HOBBY JAPAN

All rights reserved.

Original Japanese editio n published by HOBBY JAPAN CO.,Ltd

Korean edition copyright © 2016 by Eye of Ra Publishing Co.,Ltd

This Korean edition is published by arrangement with HOBBY JAPAN CO.,Ltd., through AMO AGENCY, Seoul. Korea.

◇ 당신은 언제나 옳습니다. 그대의 삶을 응원합니다. —라의눈 출판그룹

HANON 하농

초판 1쇄 | 2016년 11월 1일
     5쇄 | 2022년 1월 12일

지은이 | 사토미 후지이
옮긴이 | 안나진
감수 | 정유미

펴낸이 | 설응도
펴낸곳 | 라의눈

편집주간 | 안은주
영업 마케팅 | 민경업
경영지원 | 설효섭

디자인 | 기민주
종이 | 미미페이퍼
인쇄 | 선경프린테크

출판등록 | 2014년 1월 13일(제2019-000228호)
주소 | 서울시 강남구 테헤란로78길 14-12, 동영빌딩 4층
전화번호 | 02-466-1283
팩스번호 | 02-466-1301
e-mail | 편집 editor@eyeofra.co.kr 마케팅 marketing@eyeofra.co.kr
       경영지원 management@eyeofra.co.kr

ISBN 979-11-86039-65-6 13630

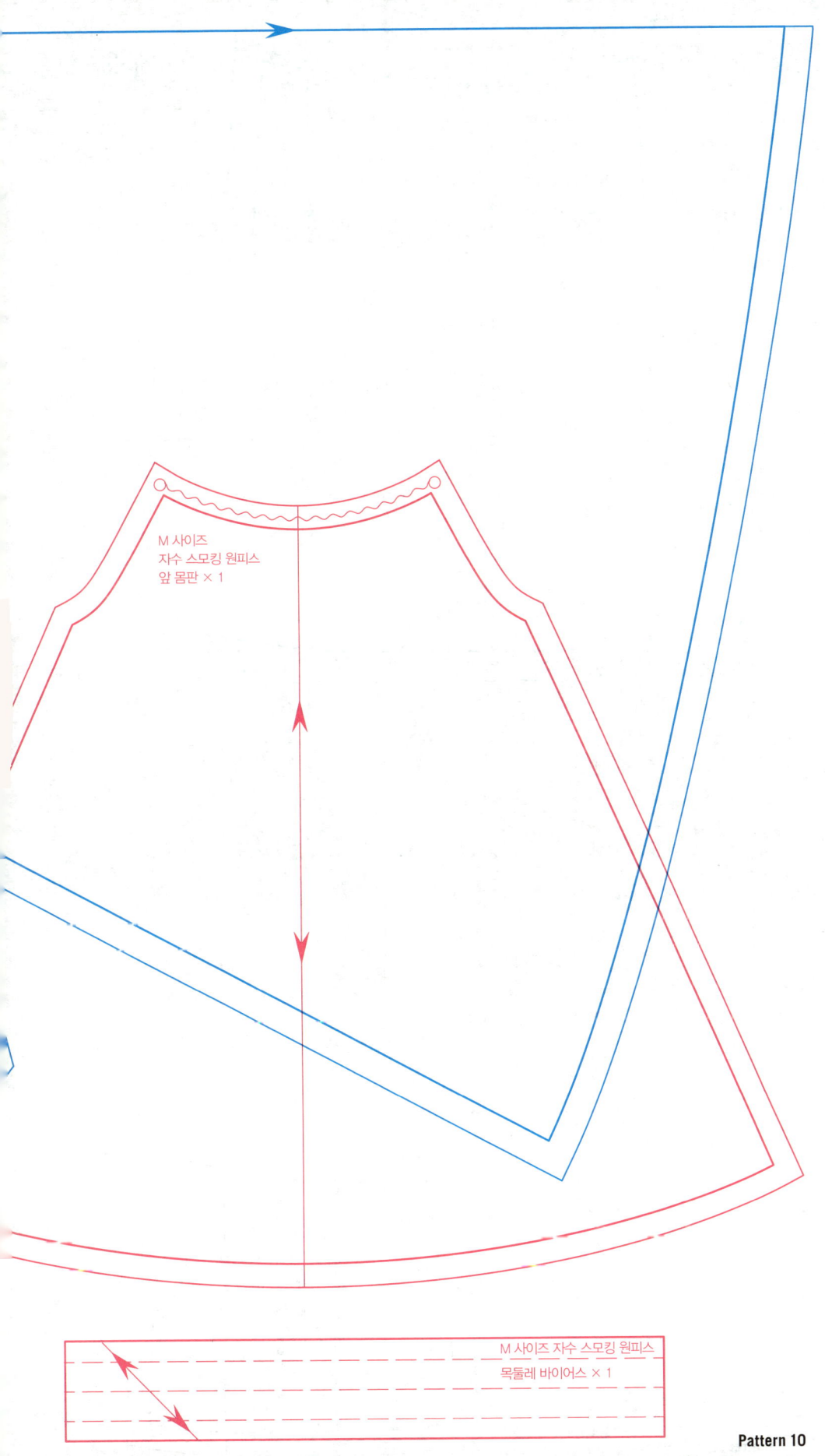

M 사이즈
자수 스모킹 원피스
앞 몸판 × 1

M 사이즈 자수 스모킹 원피스
목둘레 바이어스 × 1

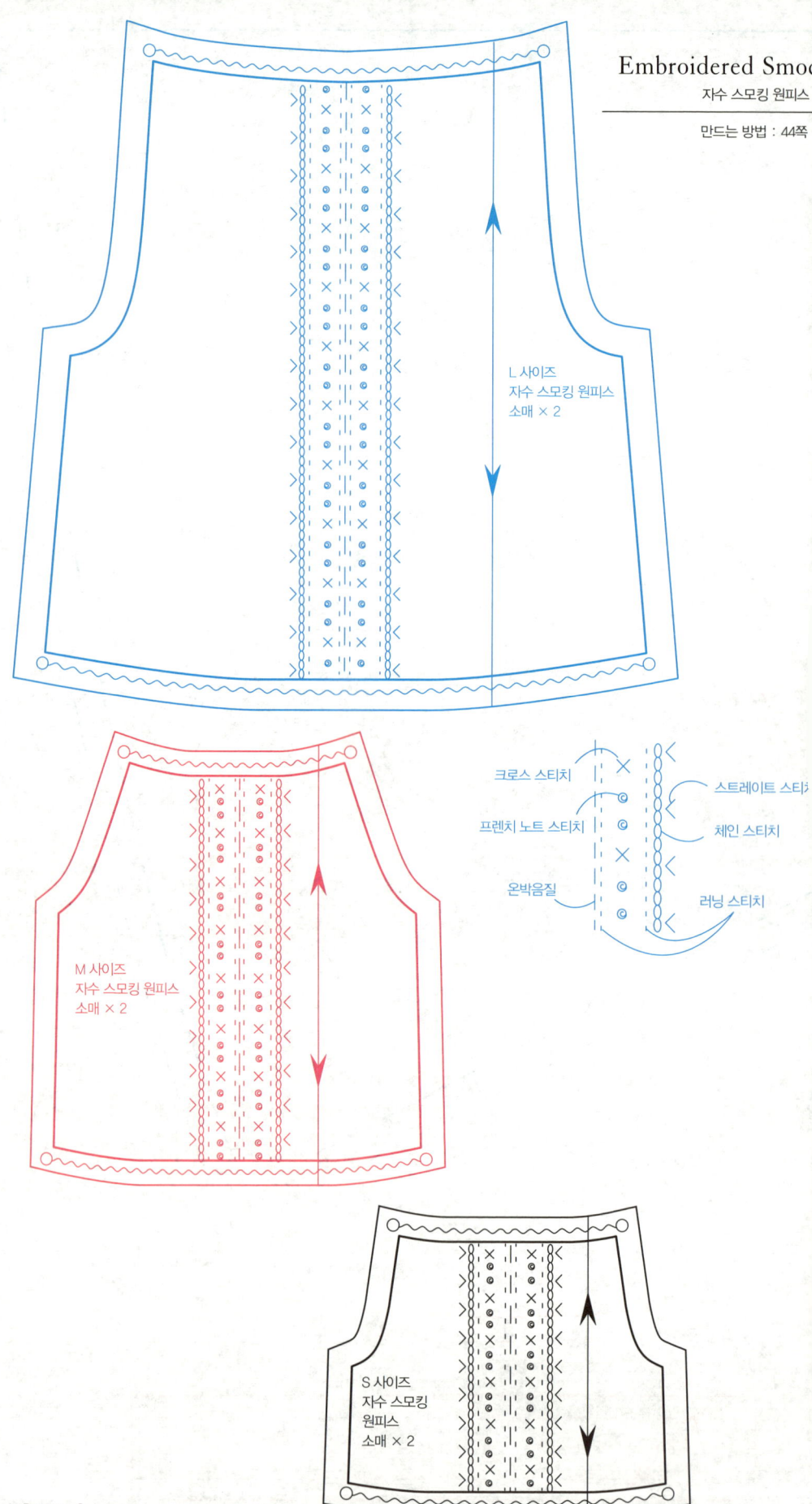

L 사이즈
자수 스모킹 원피스
소매 × 2

크로스 스티치　　　　　　　　스트레이트 스티치

프렌치 노트 스티치　　　　　　체인 스티치

온박음질　　　　　　　　　　러닝 스티치

M 사이즈
자수 스모킹 원피스
소매 × 2

S 사이즈
자수 스모킹
원피스
소매 × 2

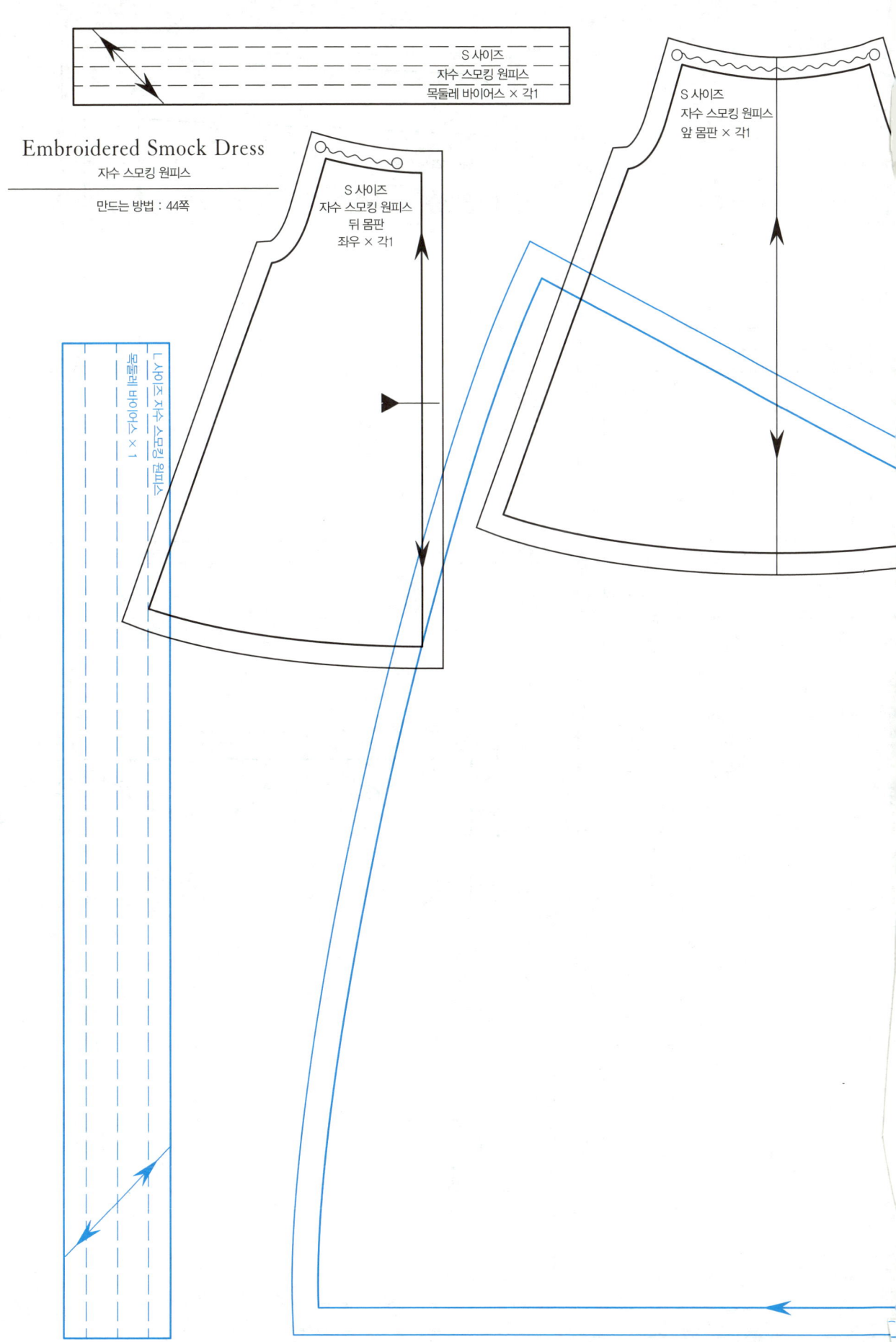

Embroidered Smock Dress
자수 스모킹 원피스

만드는 방법 : 44쪽

S 사이즈
자수 스모킹 원피스
목둘레 바이어스 × 각1

S 사이즈
자수 스모킹 원피스
뒤 몸판
좌우 × 각1

S 사이즈
자수 스모킹 원피스
앞 몸판 × 각1

L 사이즈 자수 스모킹 원피스
목둘레 바이어스 × 1

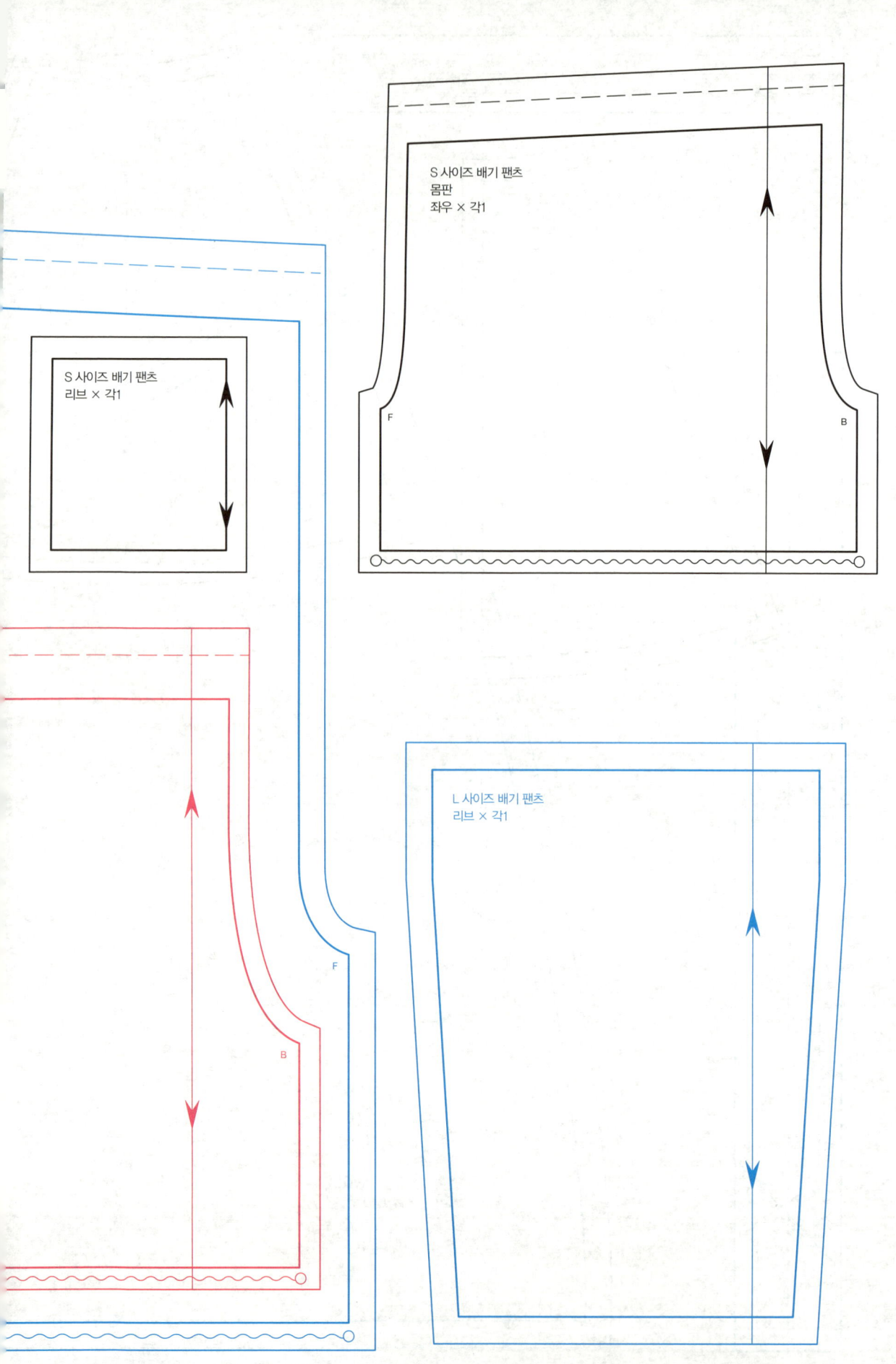

S 사이즈 배기 팬츠
몸판
좌우 × 각1

F

B

S 사이즈 배기 팬츠
리브 × 각1

L 사이즈 배기 팬츠
리브 × 각1

F

B

L 사이즈
자수 스모킹 원피스
앞몸판 × 1

M 사이즈
자수 스모킹 원피스
뒤 몸판
좌우 × 각1

L 사이즈 자수 스모킹 원피스
뒤 몸판
좌우 × 각1

L 사이즈 자수 스모킹 원피스
뒤 몸판
좌우 × 각1

Sarrouel Pants
배기 팬츠

만드는 방법 : 40쪽

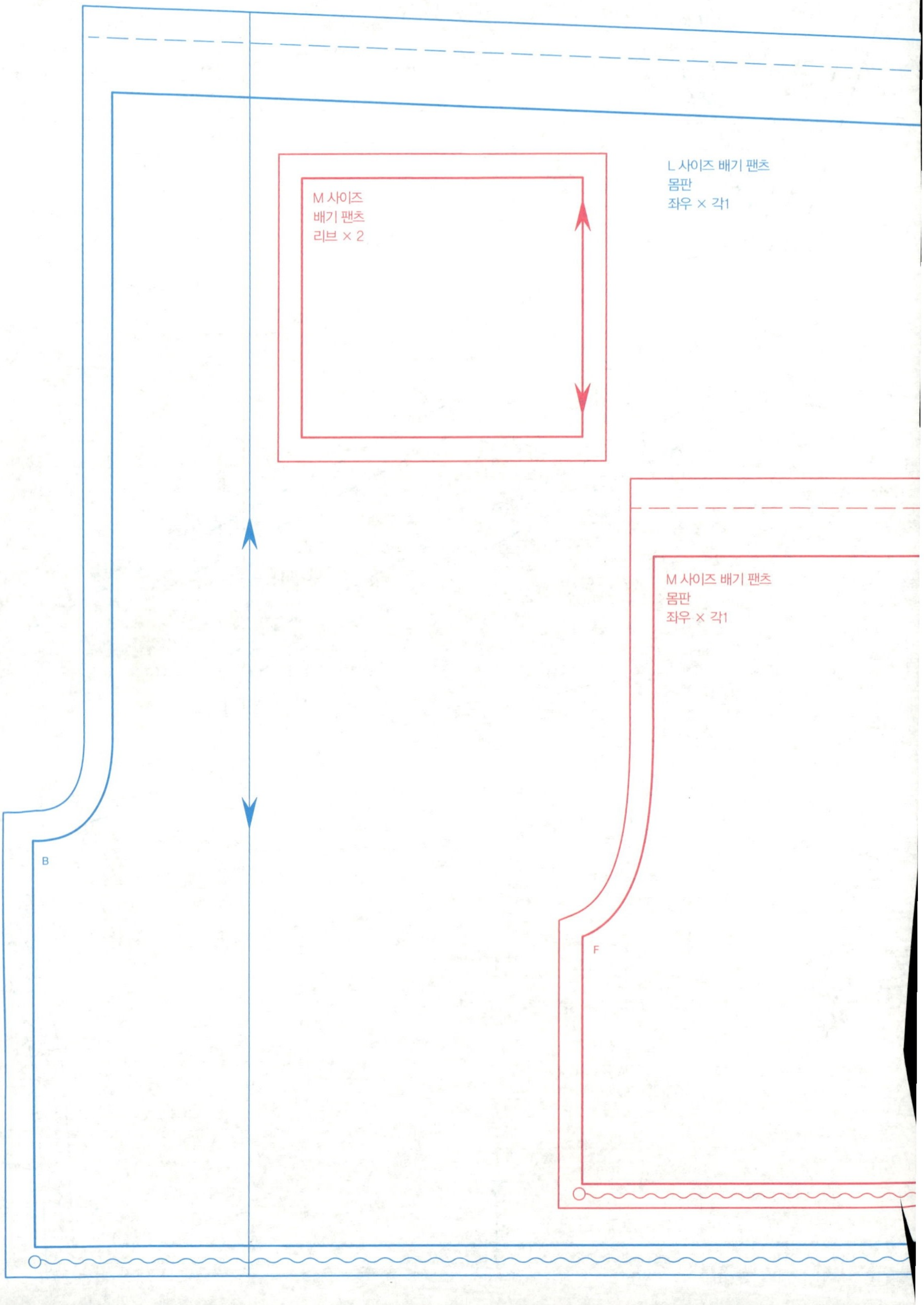

L 사이즈 배기 팬츠
몸판
좌우 × 각1

M 사이즈
배기 팬츠
리브 × 2

M 사이즈 배기 팬츠
몸판
좌우 × 각1

B

F

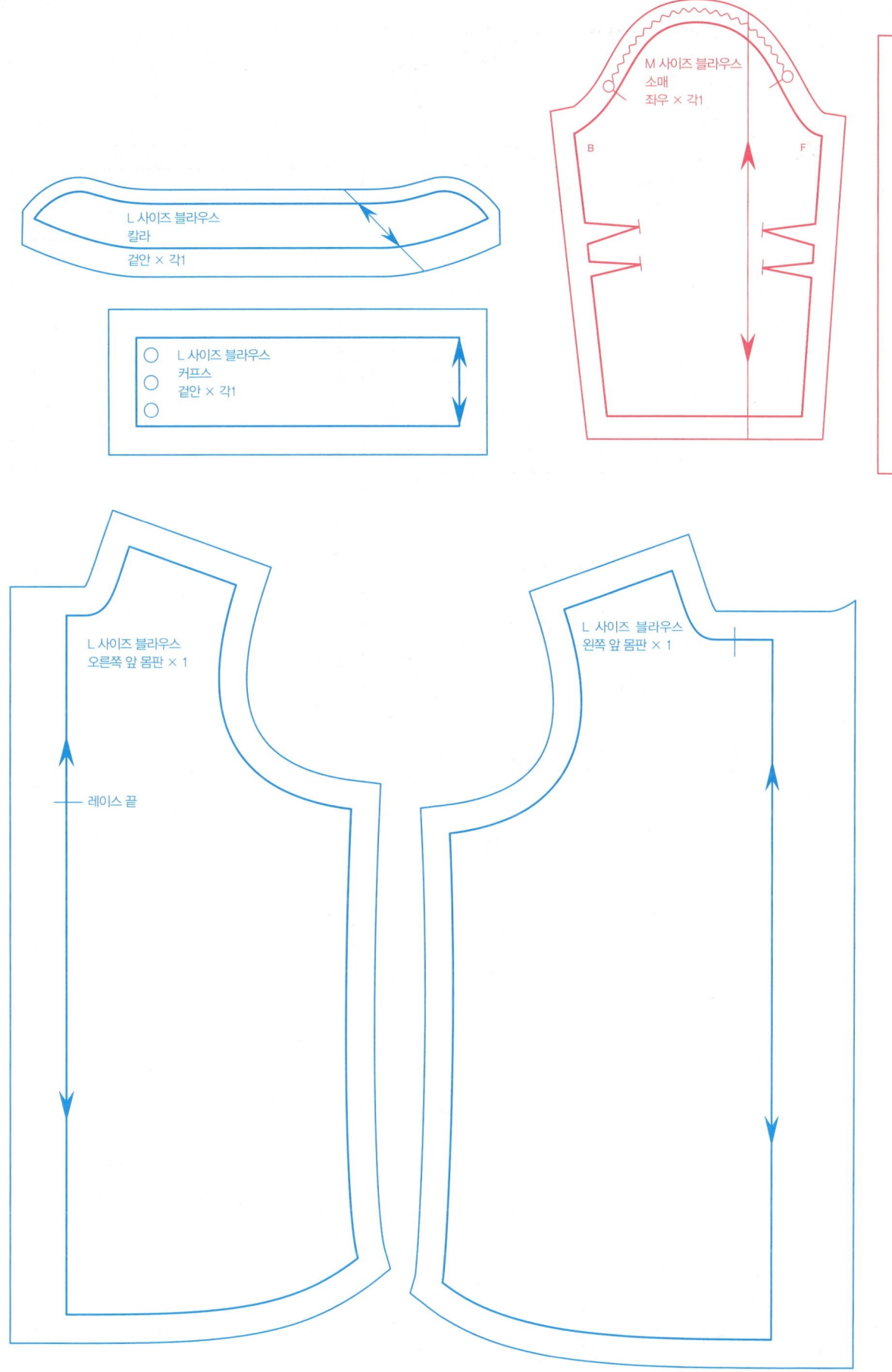

L 사이즈 블라우스
칼라
겉안 × 각1

L 사이즈 블라우스
커프스
겉안 × 각1

M 사이즈 블라우스
소매
좌우 × 각1

B

F

L 사이즈 블라우스
오른쪽 앞 몸판 × 1

L 사이즈 블라우스
왼쪽 앞 몸판 × 1

— 레이스 끝

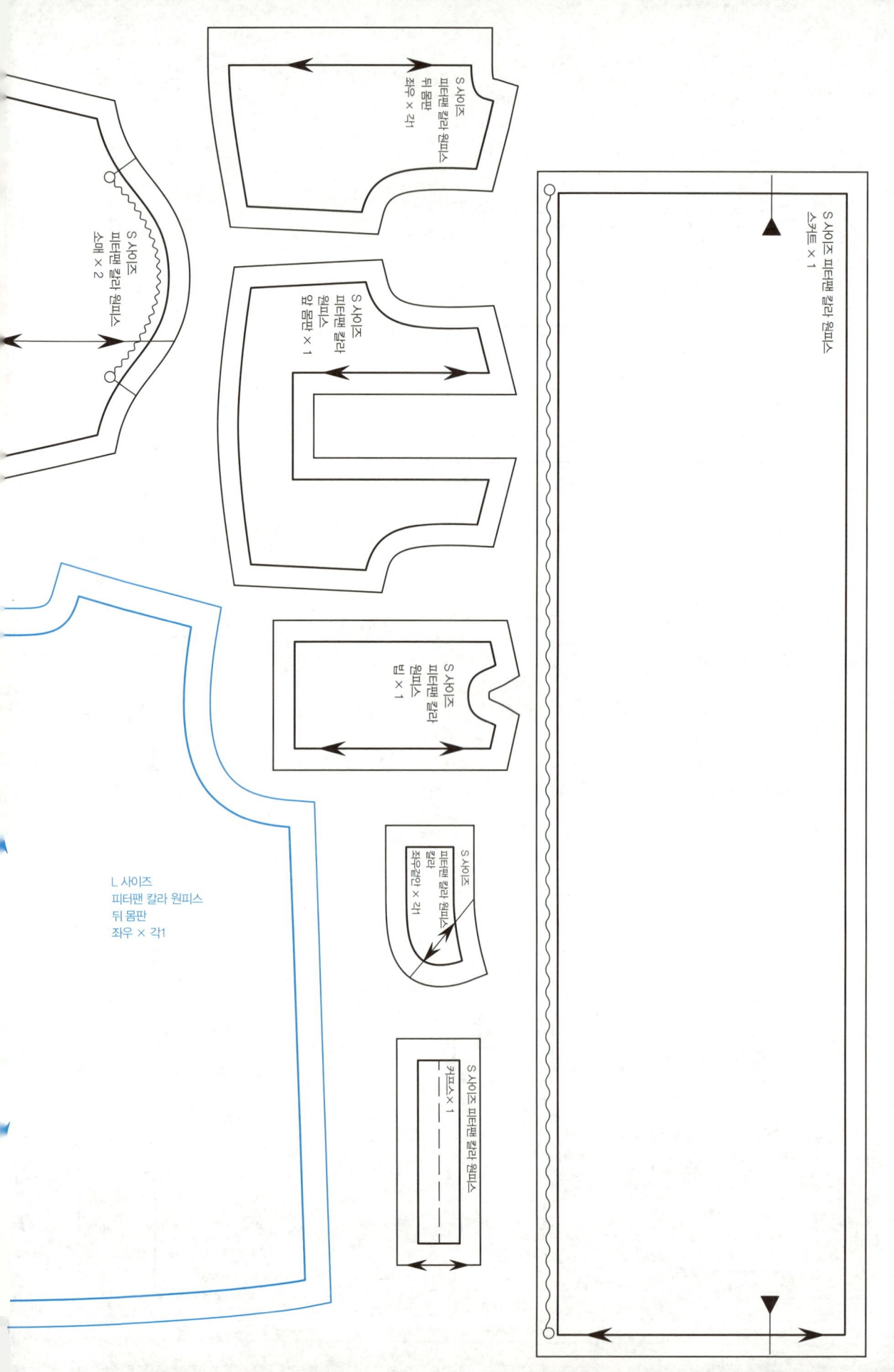

S 사이즈
피터팬 칼라 원피스
뒤 몸판
좌우 × 각1

S 사이즈
피터팬 칼라 원피스
소매 × 2

S 사이즈
피터팬 칼라 원피스
앞 몸판 × 1

S 사이즈
피터팬 칼라
원피스
빕 × 1

S 사이즈 피터팬 칼라 원피스
스커트 × 1

S 사이즈
피터팬 칼라 원피스
칼라
좌우겹안 × 각1

S 사이즈 피터팬 칼라 원피스
카프스 × 1

L 사이즈
피터팬 칼라 원피스
뒤 몸판
좌우 × 각1

M 사이즈 블라우스
오른쪽 앞 몸판 × 1

M 사이즈 블라우스
왼쪽 앞 몸판 × 1

M 사이즈 블라우스
뒤 몸판 × 1

L 사이즈 블라우스
뒤 몸판 × 1

L 사이즈 블라우스
소매
좌우 × 각1

F

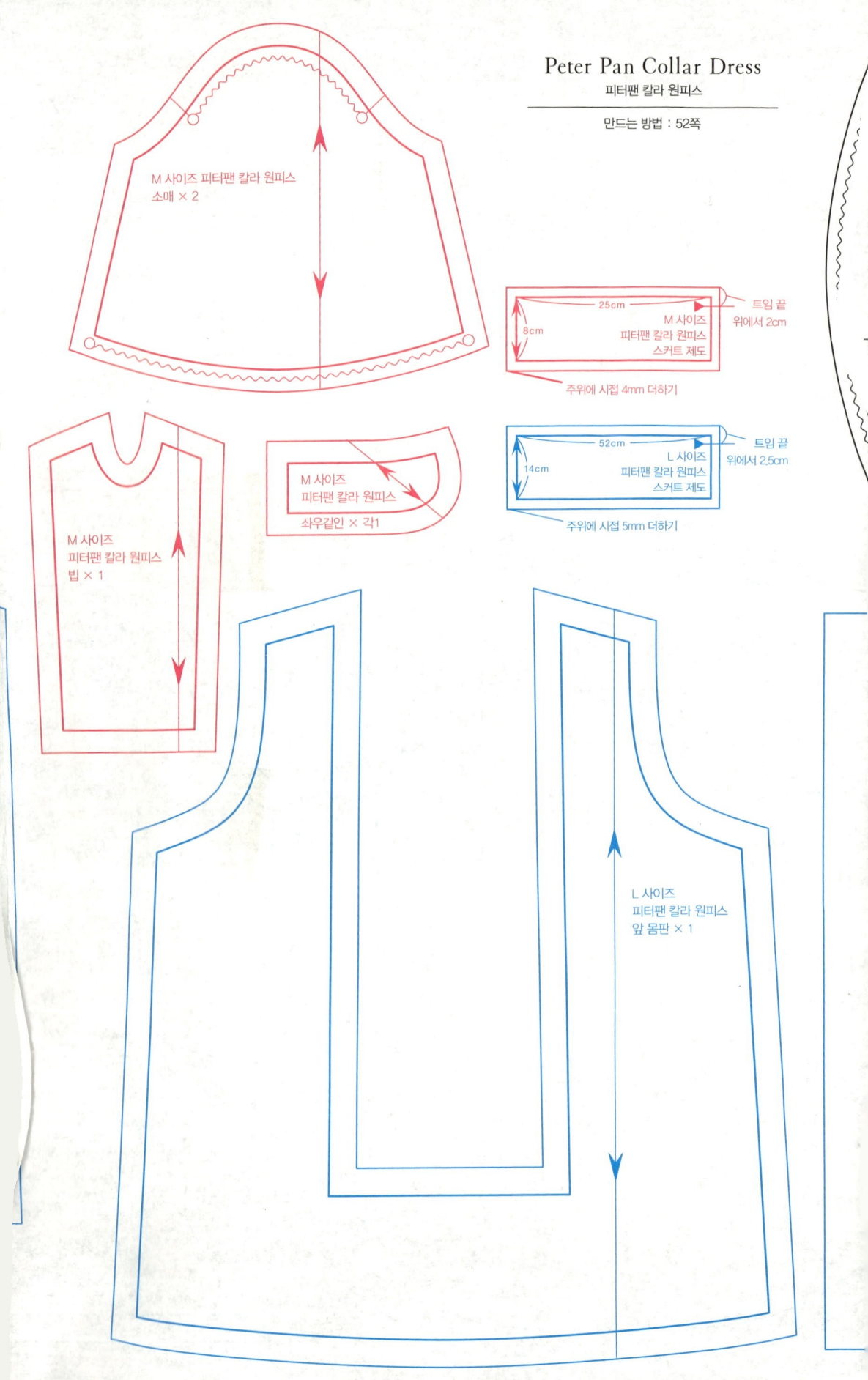

Peter Pan Collar Dress
피터팬 칼라 원피스

만드는 방법 : 52쪽

M 사이즈 피터팬 칼라 원피스
소매 × 2

25cm
8cm
M 사이즈
피터팬 칼라 원피스
스커트 제도
트임 끝
위에서 2cm
주위에 시접 4mm 더하기

52cm
14cm
L 사이즈
피터팬 칼라 원피스
스커트 제도
트임 끝
위에서 2.5cm
주위에 시접 5mm 더하기

M 사이즈
피터팬 칼라 원피스
빕 × 1

M 사이즈
피터팬 칼라 원피스
쇼우깁인 × 각1

L 사이즈
피터팬 칼라 원피스
앞 몸판 × 1

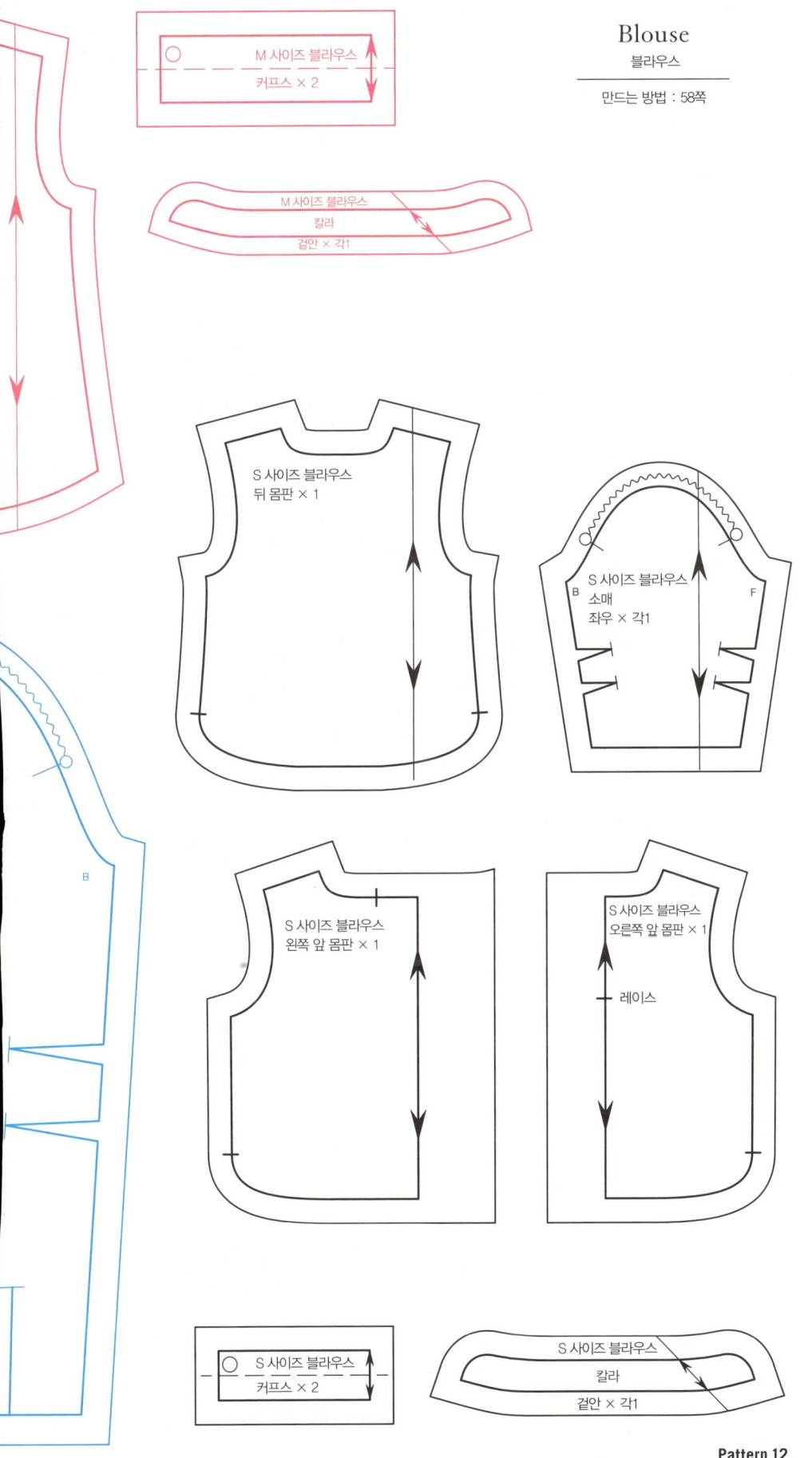

Blouse
블라우스

만드는 방법 : 58쪽

M 사이즈 블라우스
커프스 × 2

M 사이즈 블라우스
칼라
겉안 × 각1

S 사이즈 블라우스
뒤 몸판 × 1

S 사이즈 블라우스
소매
좌우 × 각1

B   F

S 사이즈 블라우스
왼쪽 앞 몸판 × 1

S 사이즈 블라우스
오른쪽 앞 몸판 × 1

레이스

B

S 사이즈 블라우스
커프스 × 2

S 사이즈 블라우스
칼라
겉안 × 각1

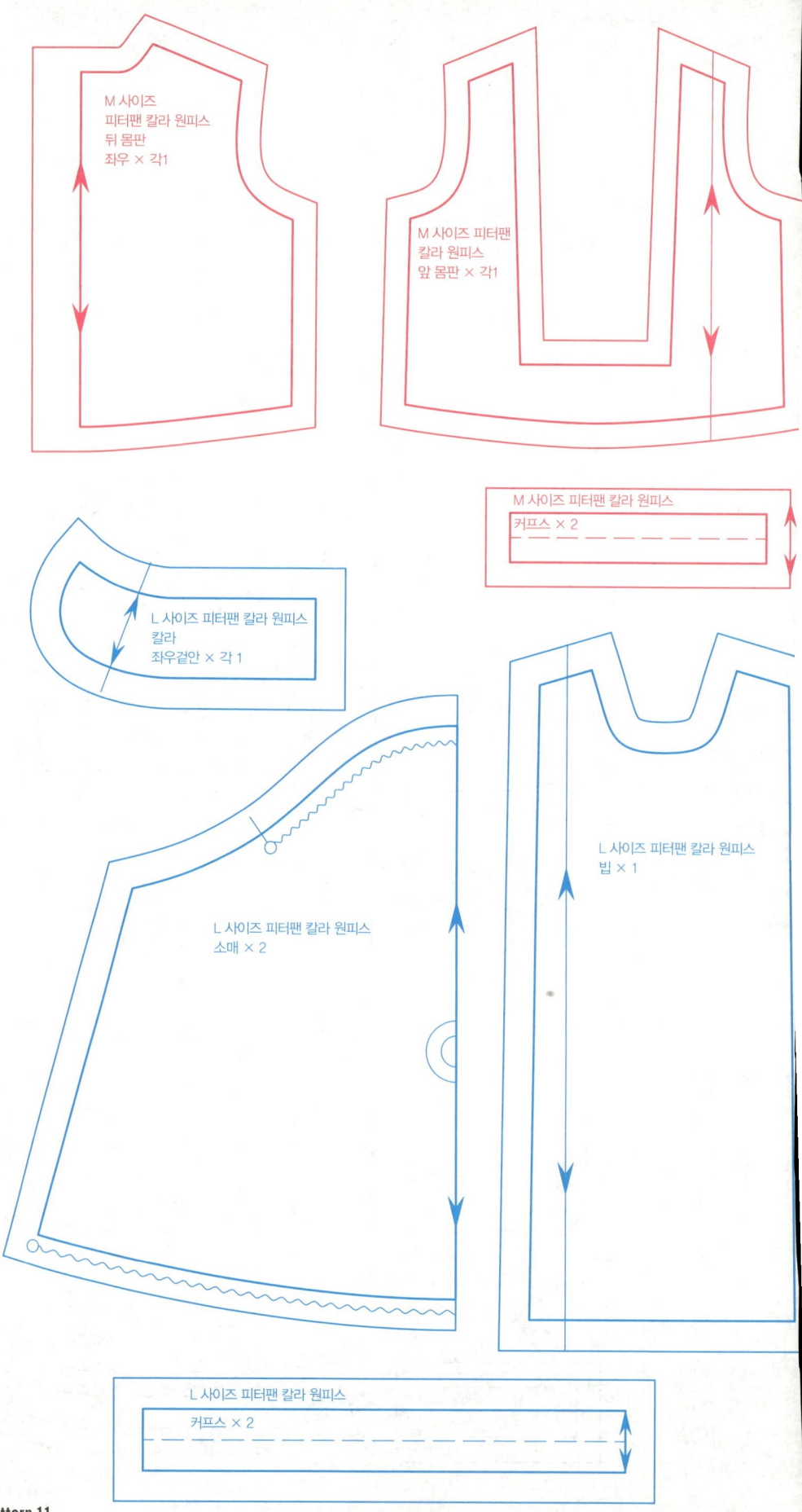

M 사이즈
피터팬 칼라 원피스
뒤 몸판
좌우 × 각1

M 사이즈 피터팬
칼라 원피스
앞 몸판 × 각1

M 사이즈 피터팬 칼라 원피스

커프스 × 2

L 사이즈 피터팬 칼라 원피스
칼라
좌우겉안 × 각 1

L 사이즈 피터팬 칼라 원피스
빕 × 1

L 사이즈 피터팬 칼라 원피스
소매 × 2

L 사이즈 피터팬 칼라 원피스

커프스 × 2

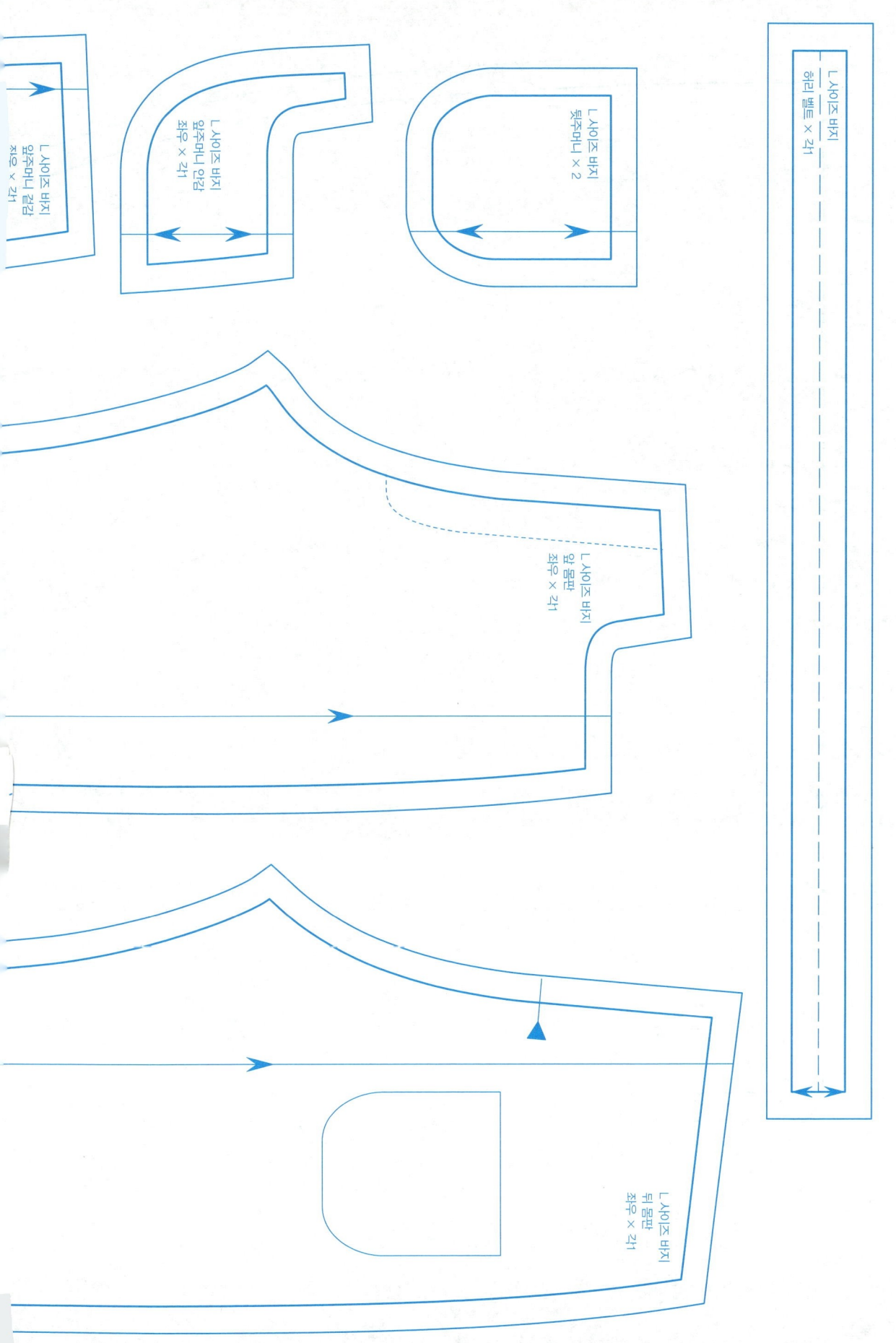

ㄴ 사이즈 스커트
스커트 패턴
차이 × 2개

트임멈춤
오른쪽에만

만드는 방법 : 64쪽

스커트
Skirt

S 사이즈 바지
손목에 연결
횟수 × 2개

S 사이즈 바지 연결
횟수 × 2개

S 사이즈
바지
손목에니
× 2

S 사이즈 바지
흥리 幅트 × 2개

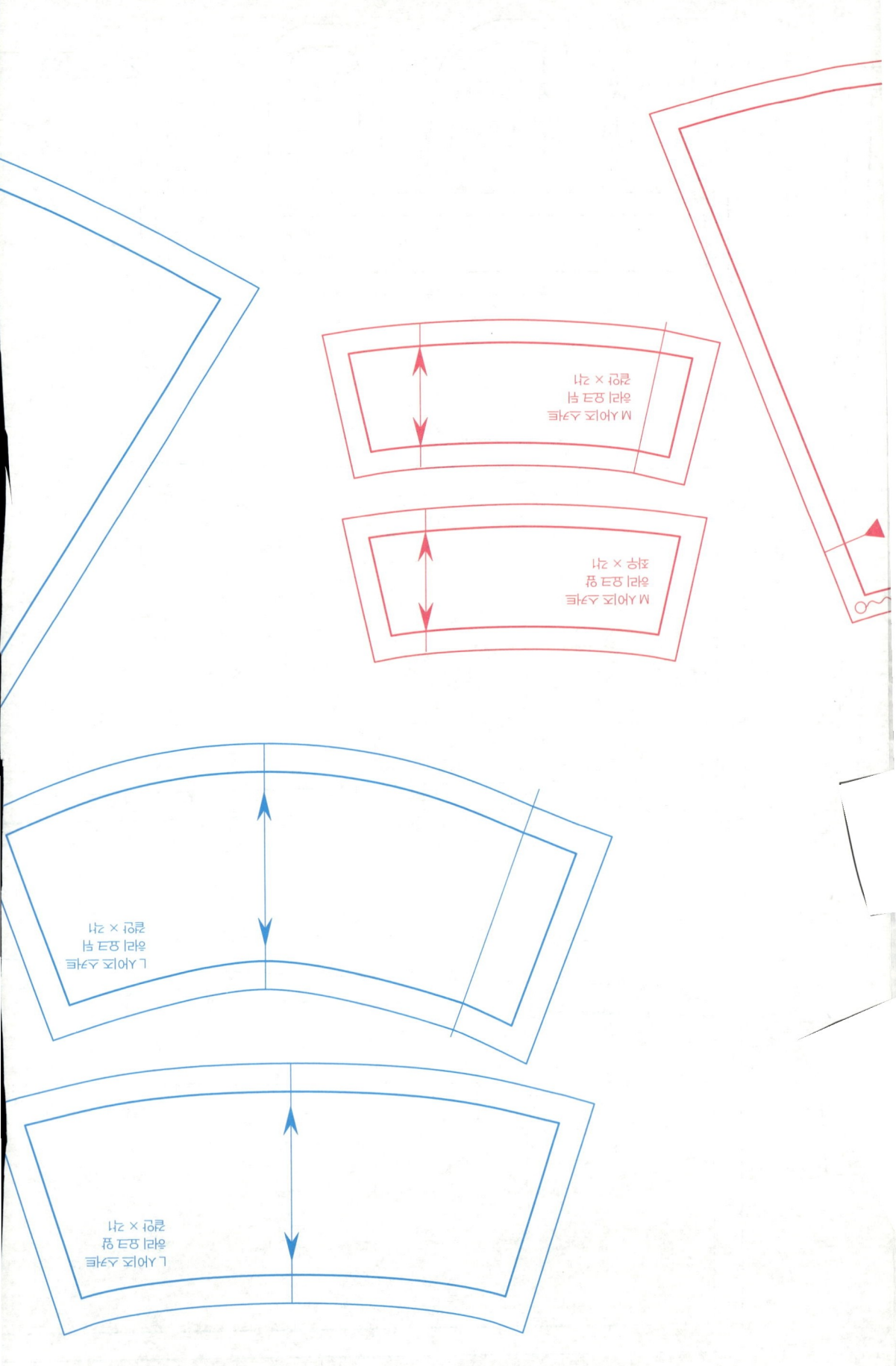

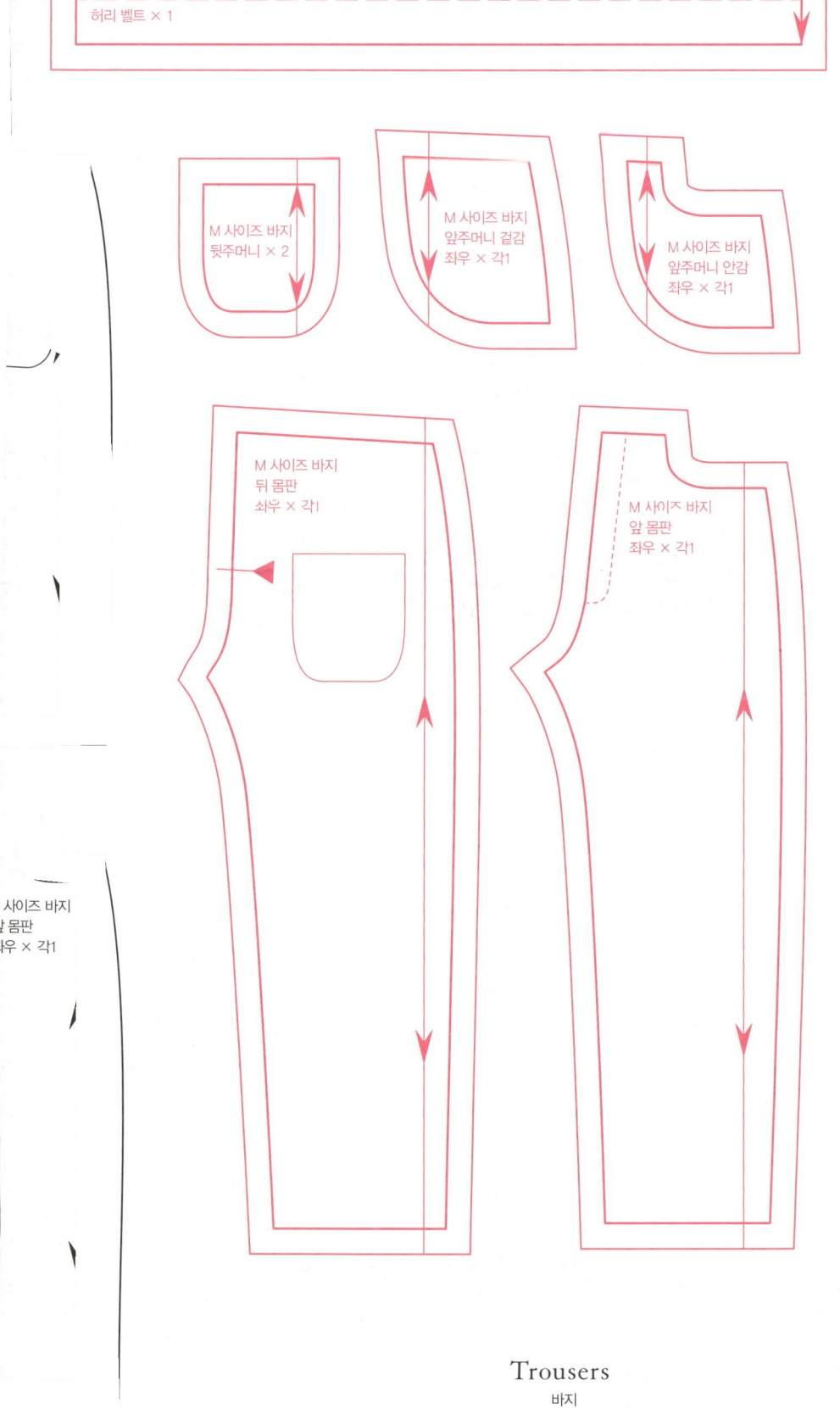

M 사이즈 바지
허리 벨트 × 1

M 사이즈 바지
뒷주머니 × 2

M 사이즈 바지
앞주머니 겉감
좌우 × 각1

M 사이즈 바지
앞주머니 안감
좌우 × 각1

M 사이즈 바지
뒤 몸판
좌우 × 각1

M 사이즈 바지
앞 몸판
좌우 × 각1

사이즈 바지
몸판
우 × 각1

Trousers

바지

만드는 방법 : 72쪽

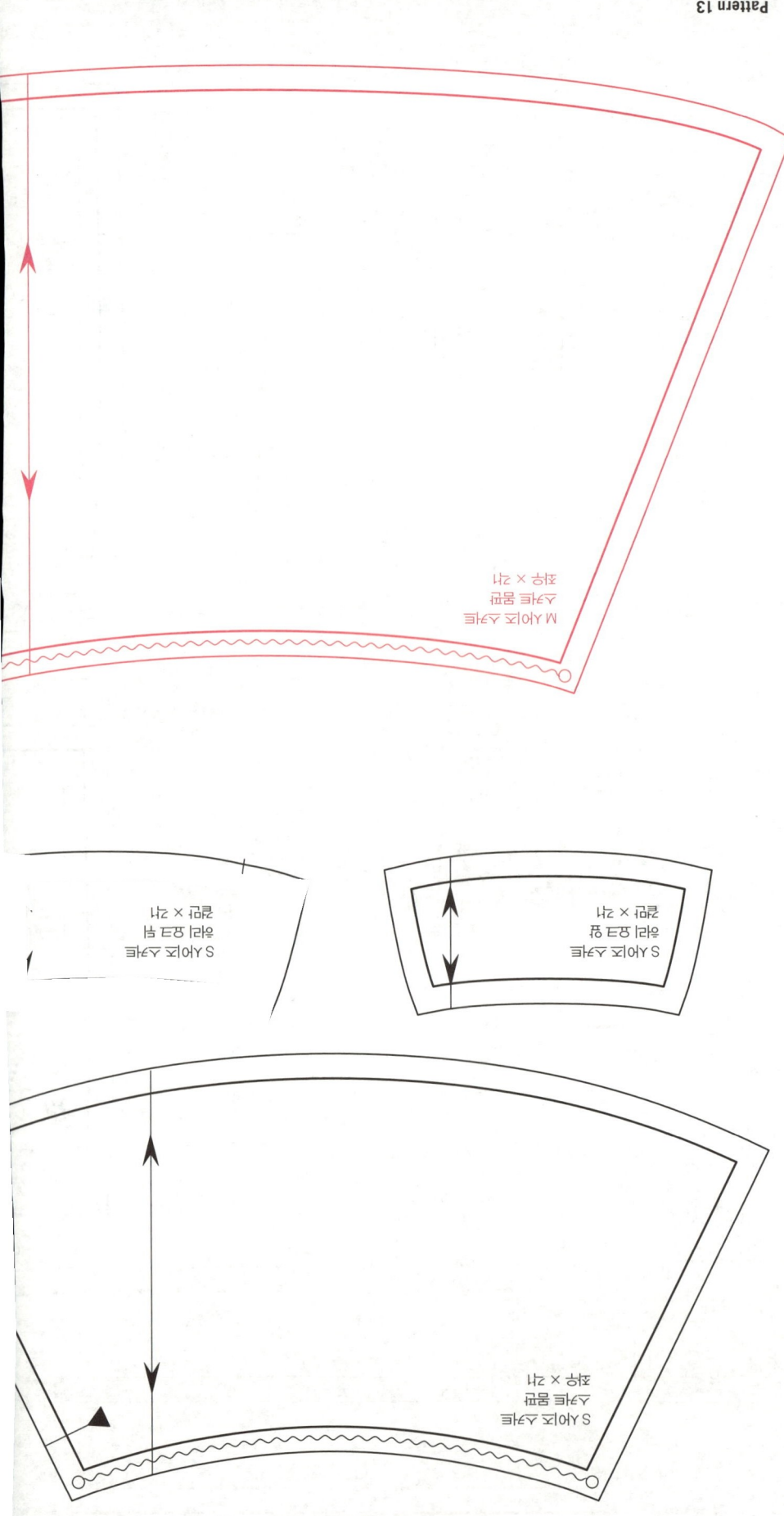

M 사이즈 스커트
스커트 안단
창하 × 2개

S 사이즈 스커트
스커트 안단
창하 × 2개

S 사이즈 스커트
허리 안단 뒤
원단 창하 × 2개

S 사이즈 스커트
허리 안단 앞
원단 창하 × 2개

S 사이즈 스커트
스커트 원단
창하 × 2개

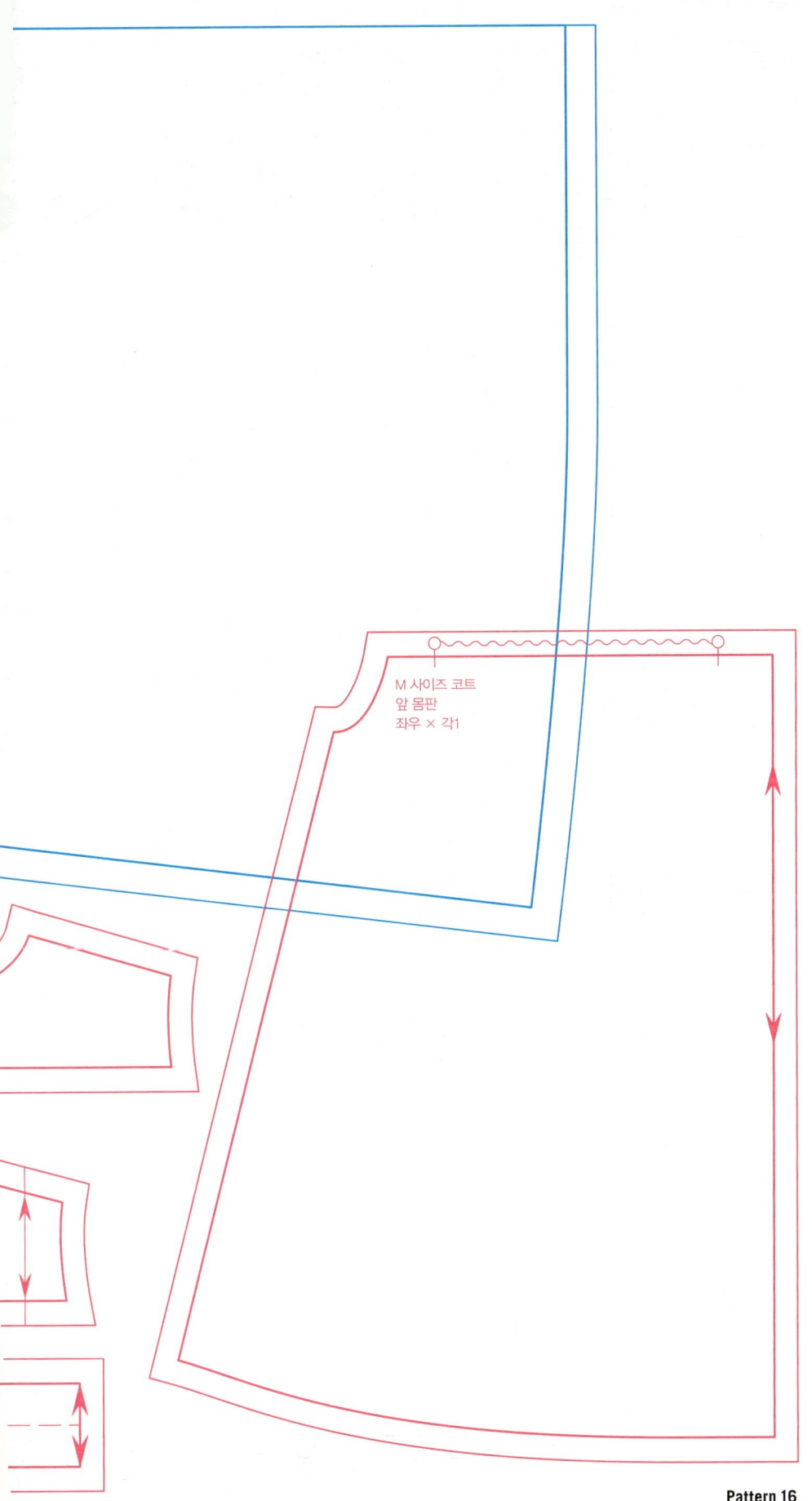

M 사이즈 코트
앞 몸판
좌우 × 각1

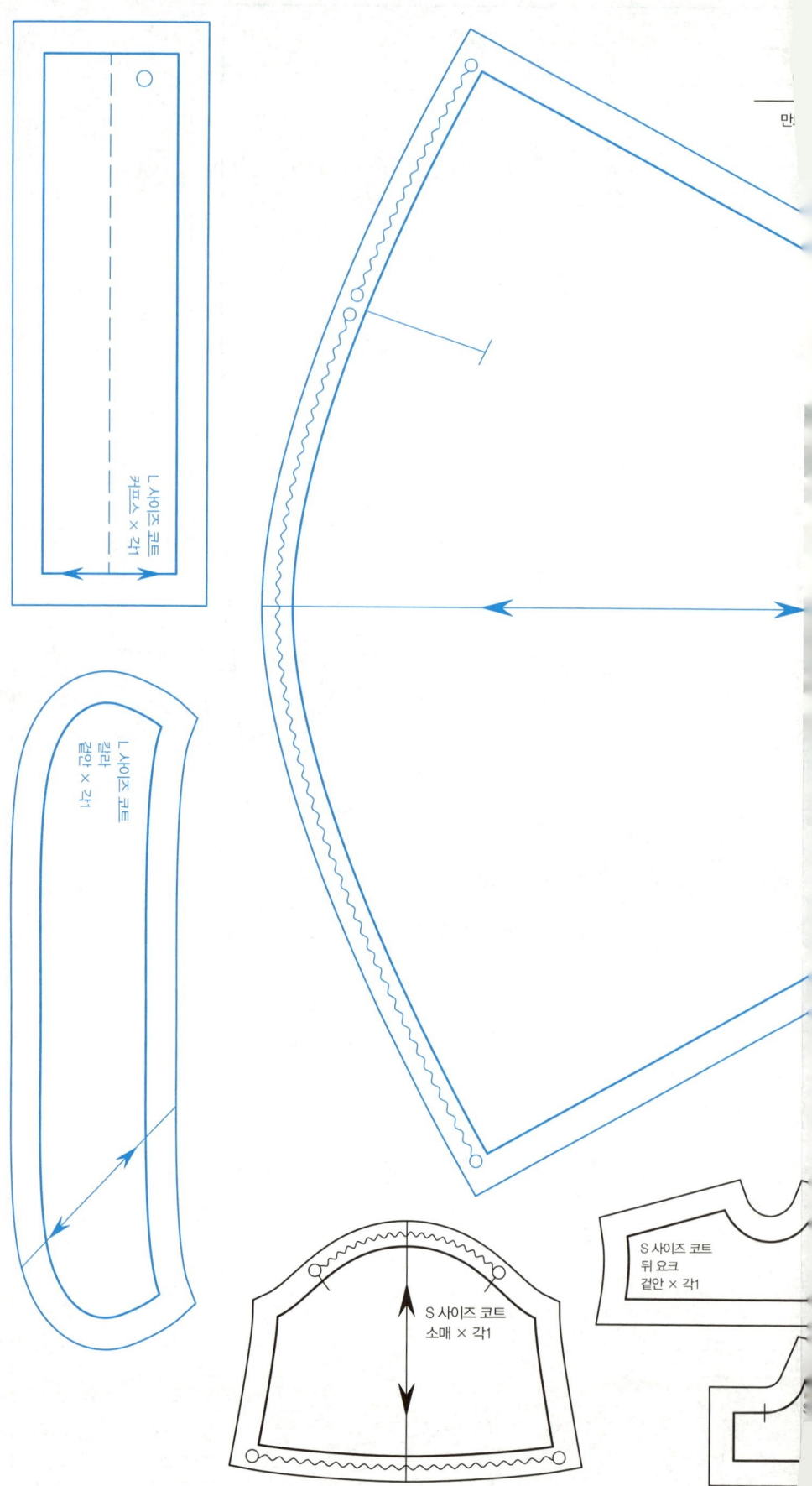

L 사이즈 코트
커프스 × 각1

L 사이즈 코트
칼라
겉안 × 각1

S 사이즈 코트
소매 × 각1

S 사이즈 코트
뒤 요크
겉안 × 각1

Pattern 15

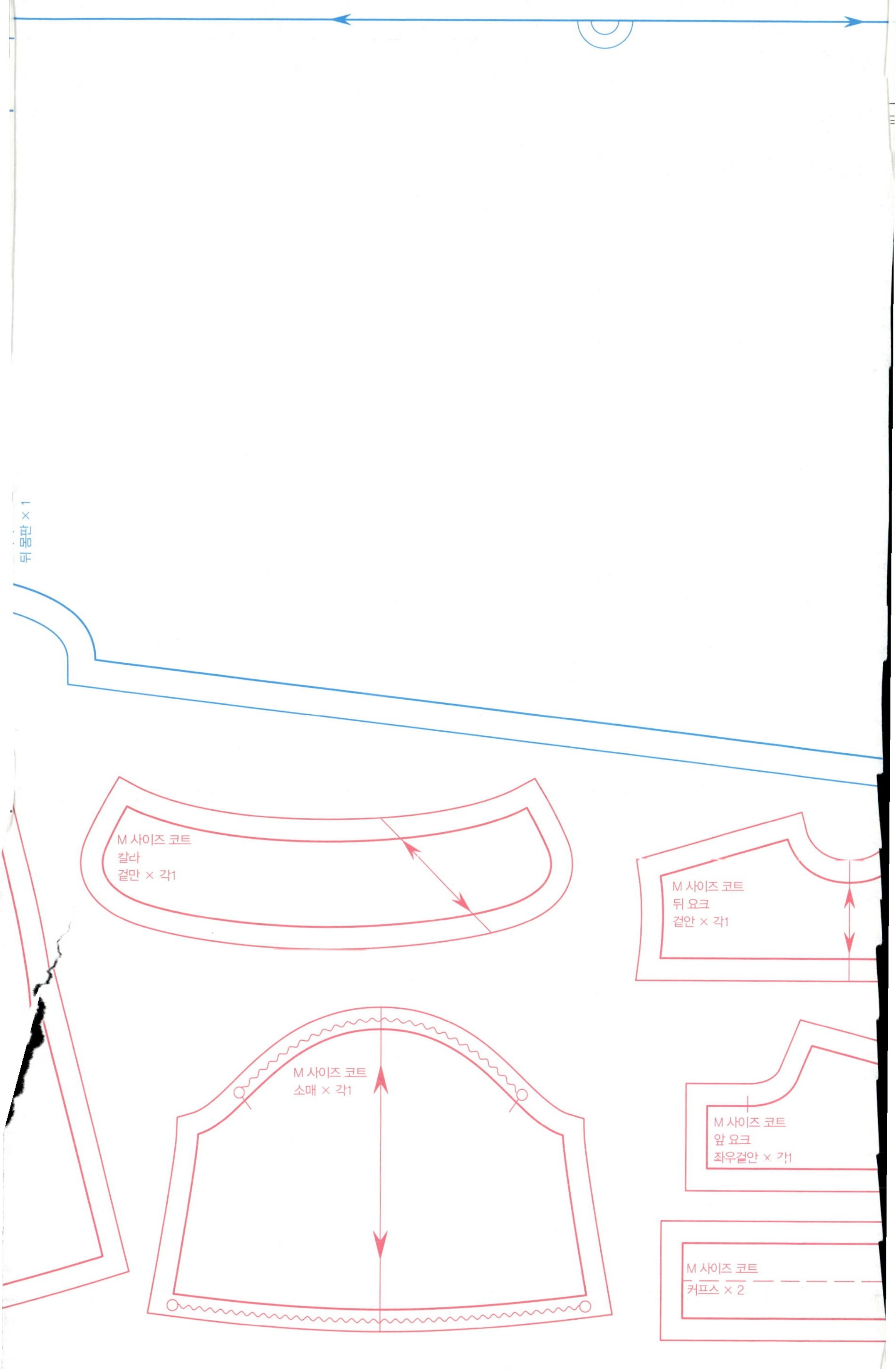

머릿단 × 1

M 사이즈 코트
칼라
겉만 × 각1

M 사이즈 코트
뒤 요크
겉안 × 각1

M 사이즈 코트
소매 × 각1

M 사이즈 코트
앞 요크
좌우겉안 × 각1

M 사이즈 코트
커프스 × 2

Coat

코트

≡ 방법 : 76쪽

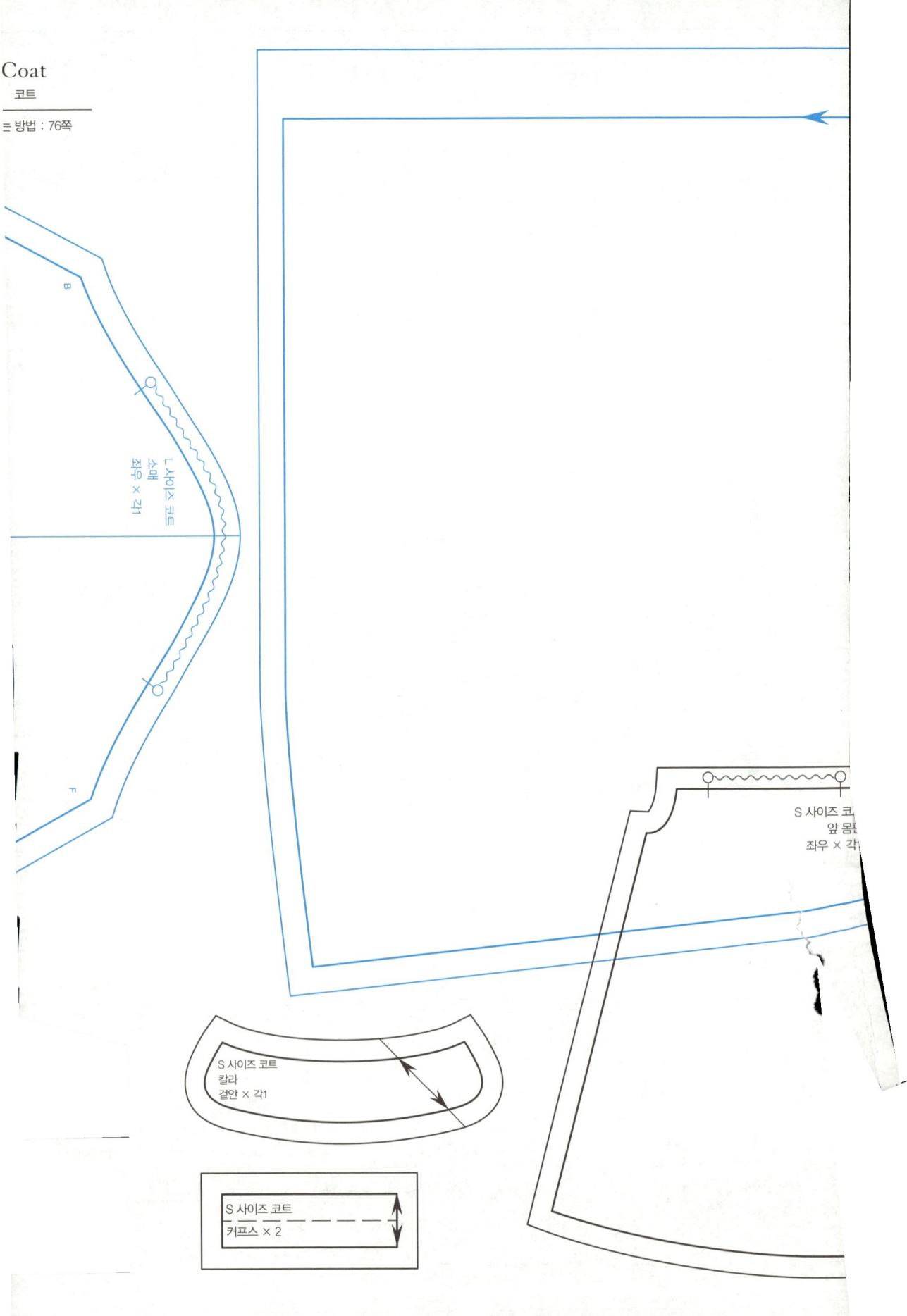

L 사이즈 코트
소매
좌우 × 각1

B

F

S 사이즈 코
앞 몸
좌우 × 각

S 사이즈 코트
칼라
겉안 × 각1

S 사이즈 코트
커프스 × 2

Coat
코트

만드는 방법 : 76쪽

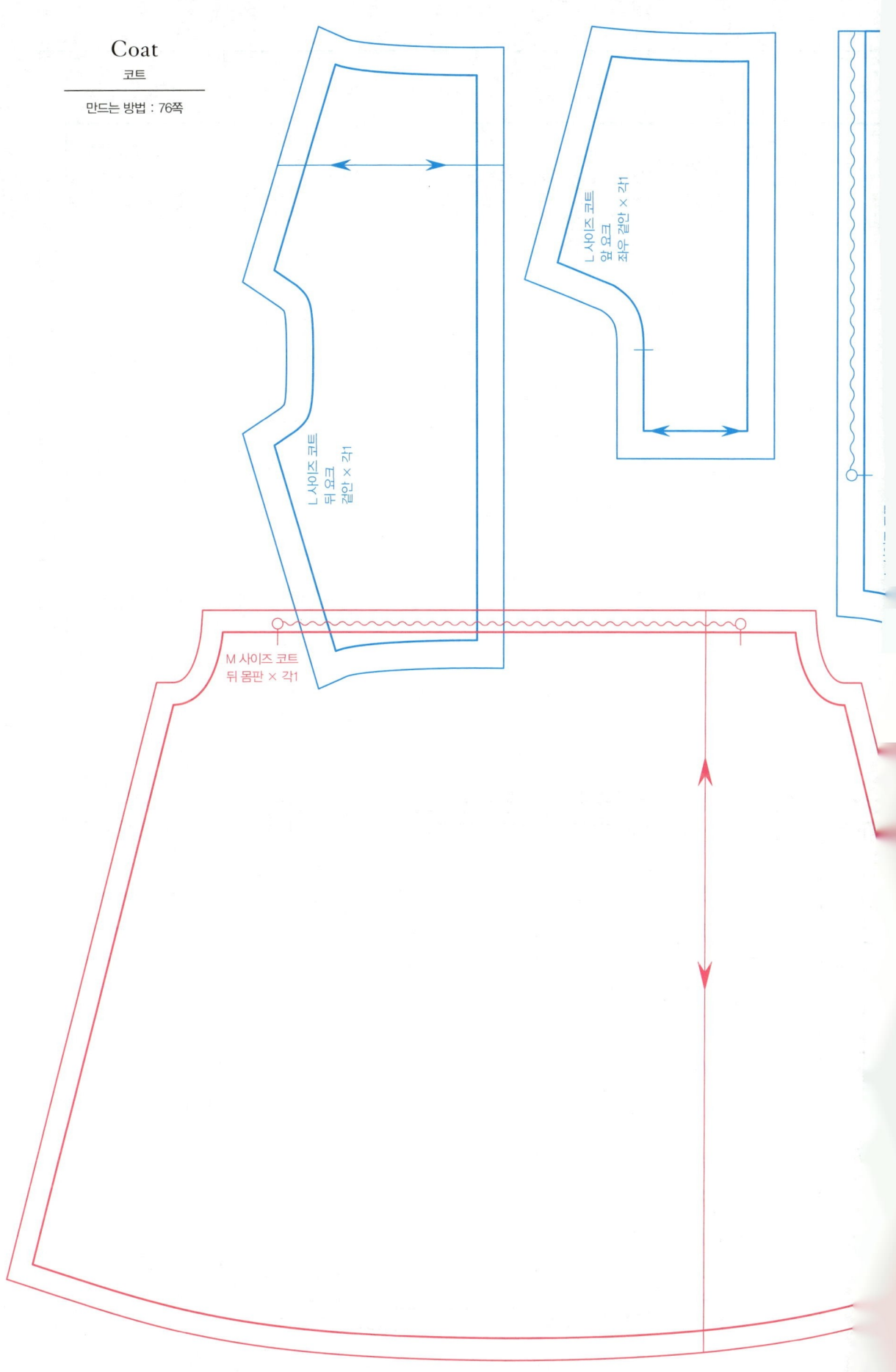

L 사이즈 코트
앞 요크
좌우 걸안 × 각1

L 사이즈 코트
뒤 요크
걸안 × 각1

M 사이즈 코트
뒤 몸판 × 각1

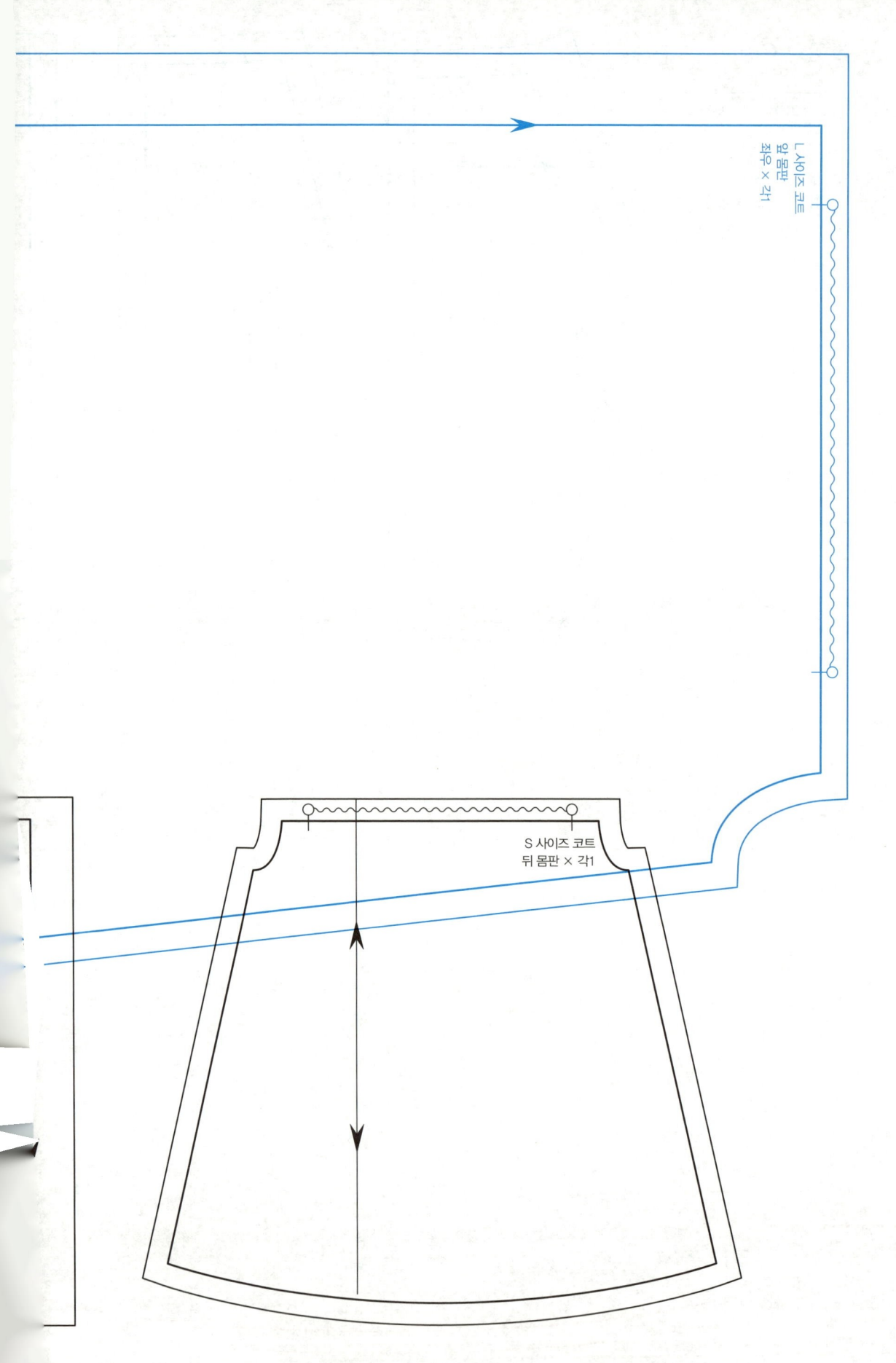

L 사이즈 코트
앞 몸판
좌우 × 각1

S 사이즈 코트
뒤 몸판 × 각1

Vest

조끼

만드는 방법 : 68쪽

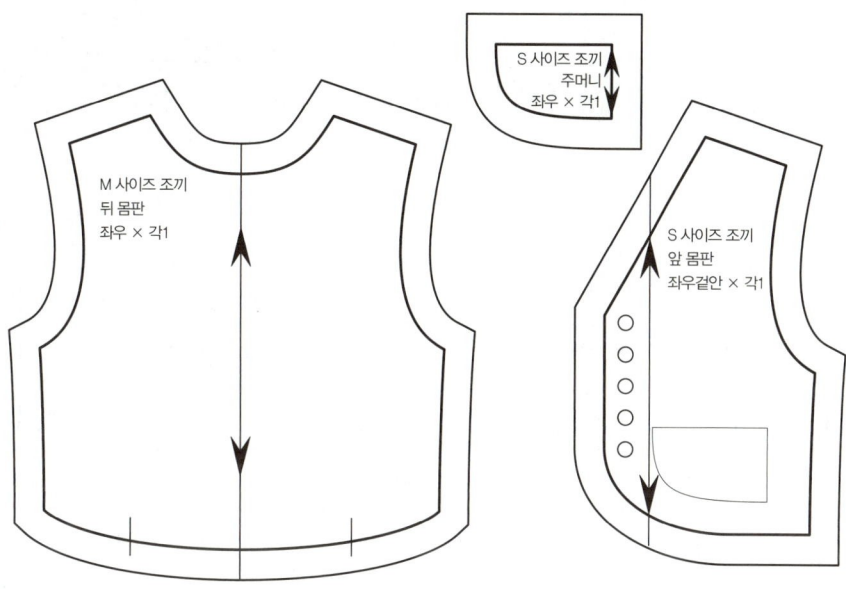

S 사이즈 조끼
주머니
좌우 × 각1

M 사이즈 조끼
뒤 몸판
좌우 × 각1

S 사이즈 조끼
앞 몸판
좌우겉안 × 각1

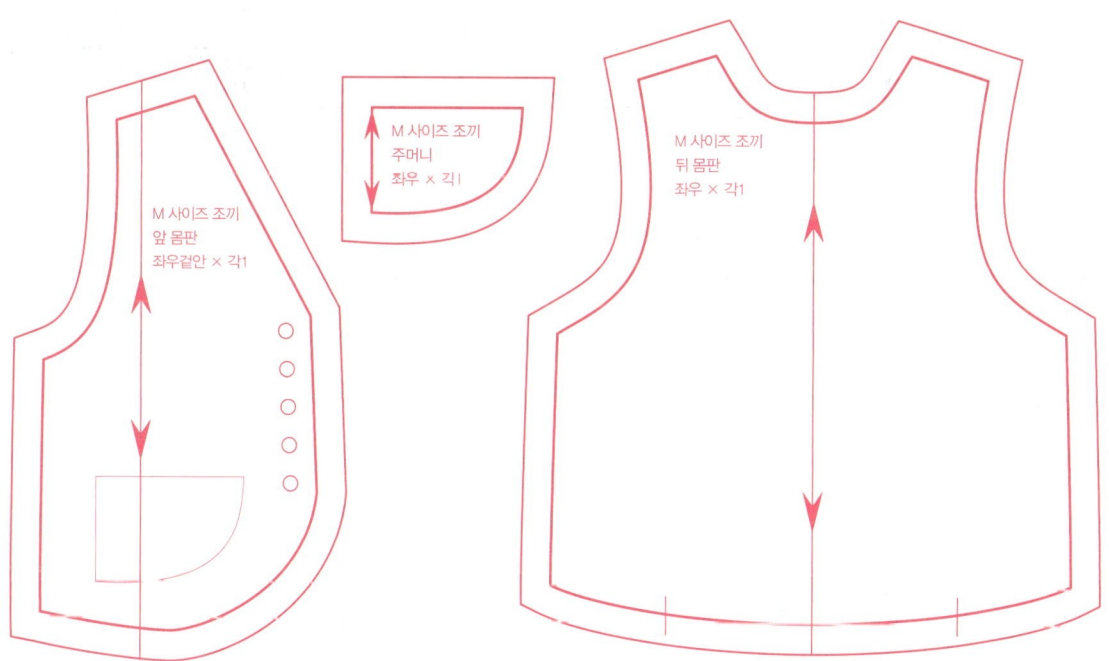

M 사이즈 조끼
앞 몸판
좌우겉안 × 각1

M 사이즈 조끼
주머니
좌우 × 각1

M 사이즈 조끼
뒤 몸판
좌우 × 각1

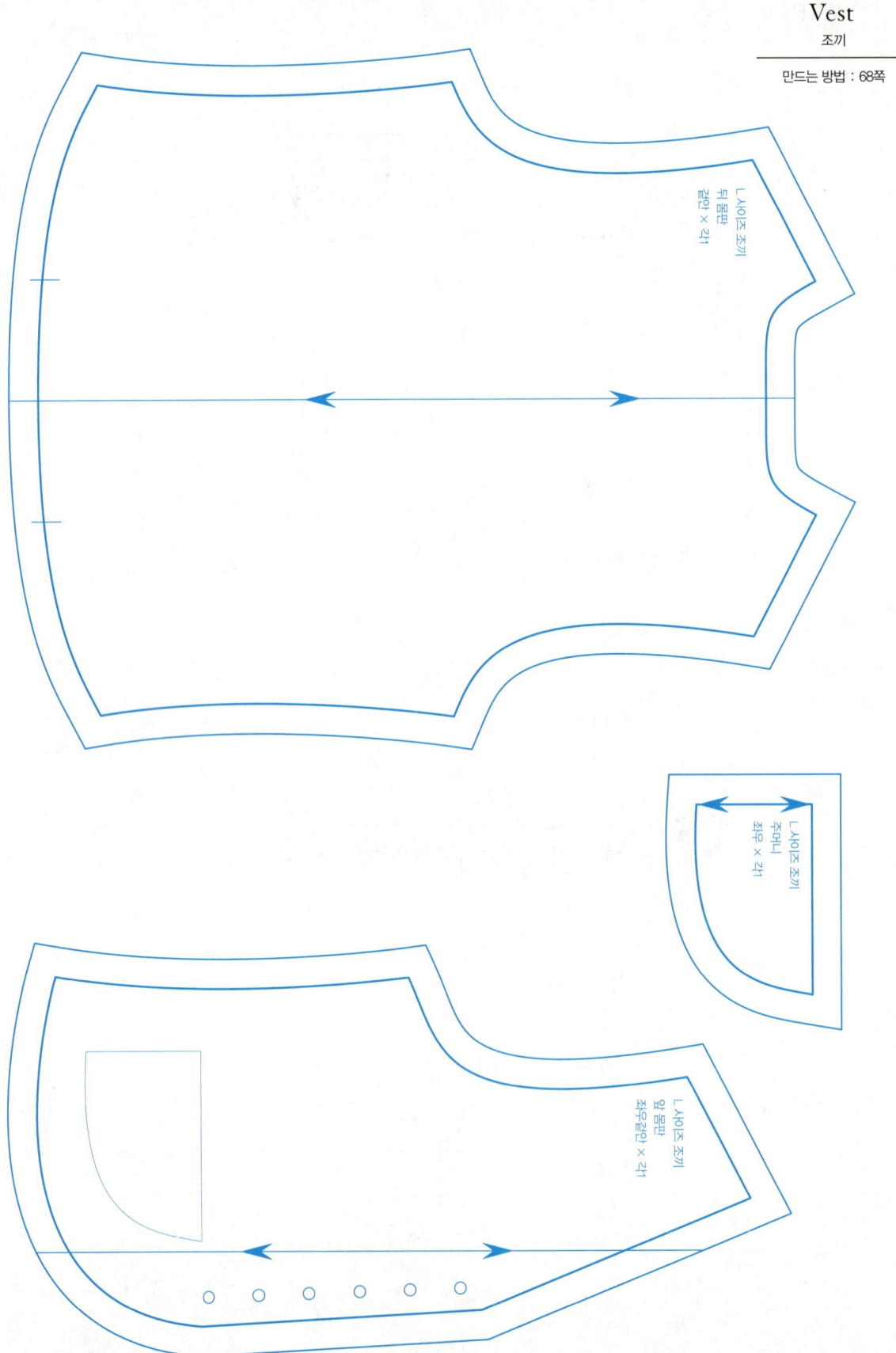

L 사이즈 조끼
위 몸판
겉안 2장 × 각1

L 사이즈 조끼
주머니
좌우 × 각1

L 사이즈 조끼
앞 몸판
좌우 겉안 2장 × 각1

Apron
앞치마

만드는 방법 : 48쪽

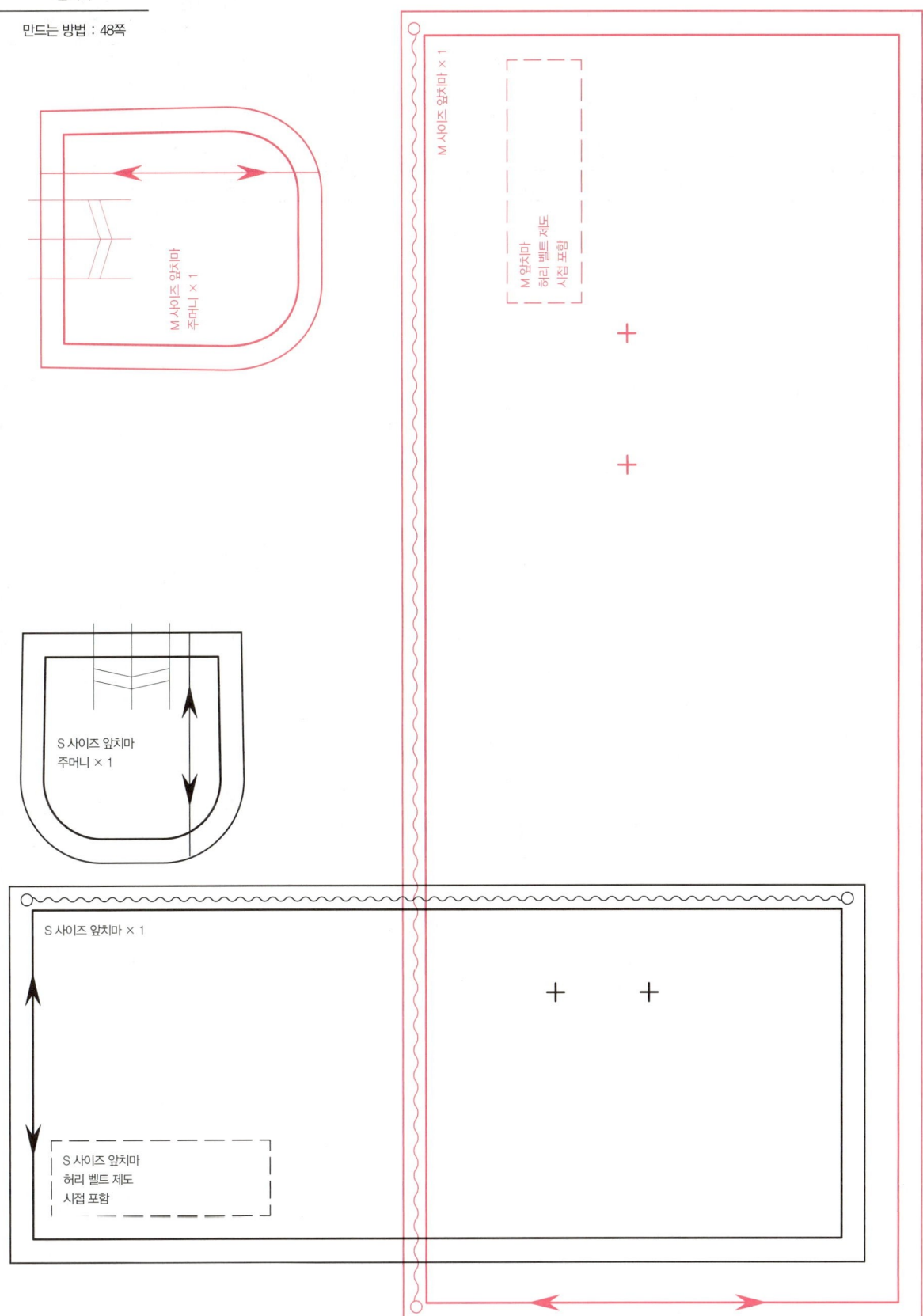

M 사이즈 앞치마
주머니 × 1

M 사이즈 앞치마 × 1

M 앞치마
허리 벨트 제도
시접 포함

S 사이즈 앞치마
주머니 × 1

S 사이즈 앞치마 × 1

S 사이즈 앞치마
허리 벨트 제도
시접 포함

Pattern 4

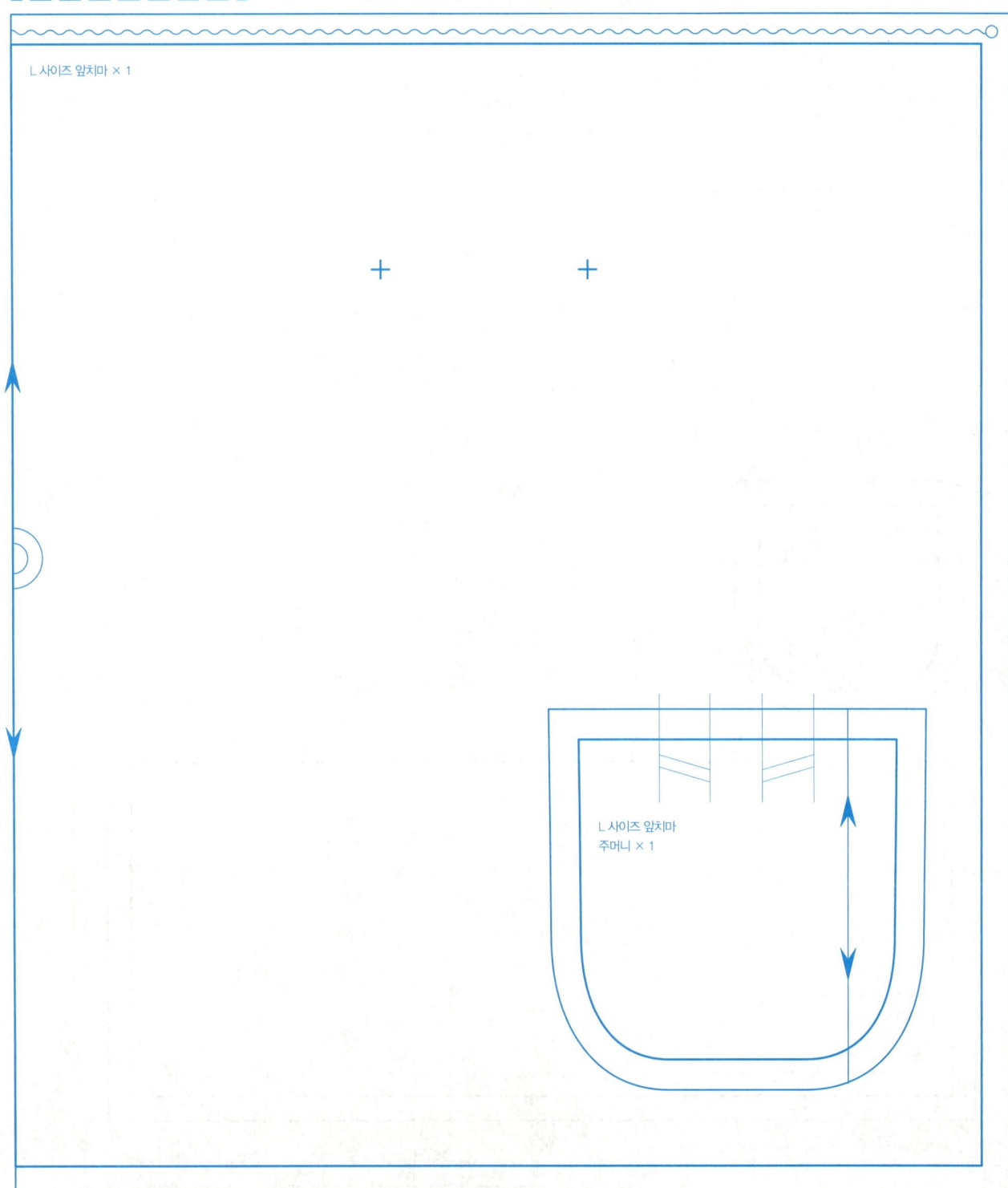

L 사이즈 앞치마
허리 벨트 제도
시접 포함

L 사이즈 앞치마 × 1

L 사이즈 앞치마
주머니 × 1

Lace Strap Dress

캐미솔 원피스

만드는 방법 : 36쪽

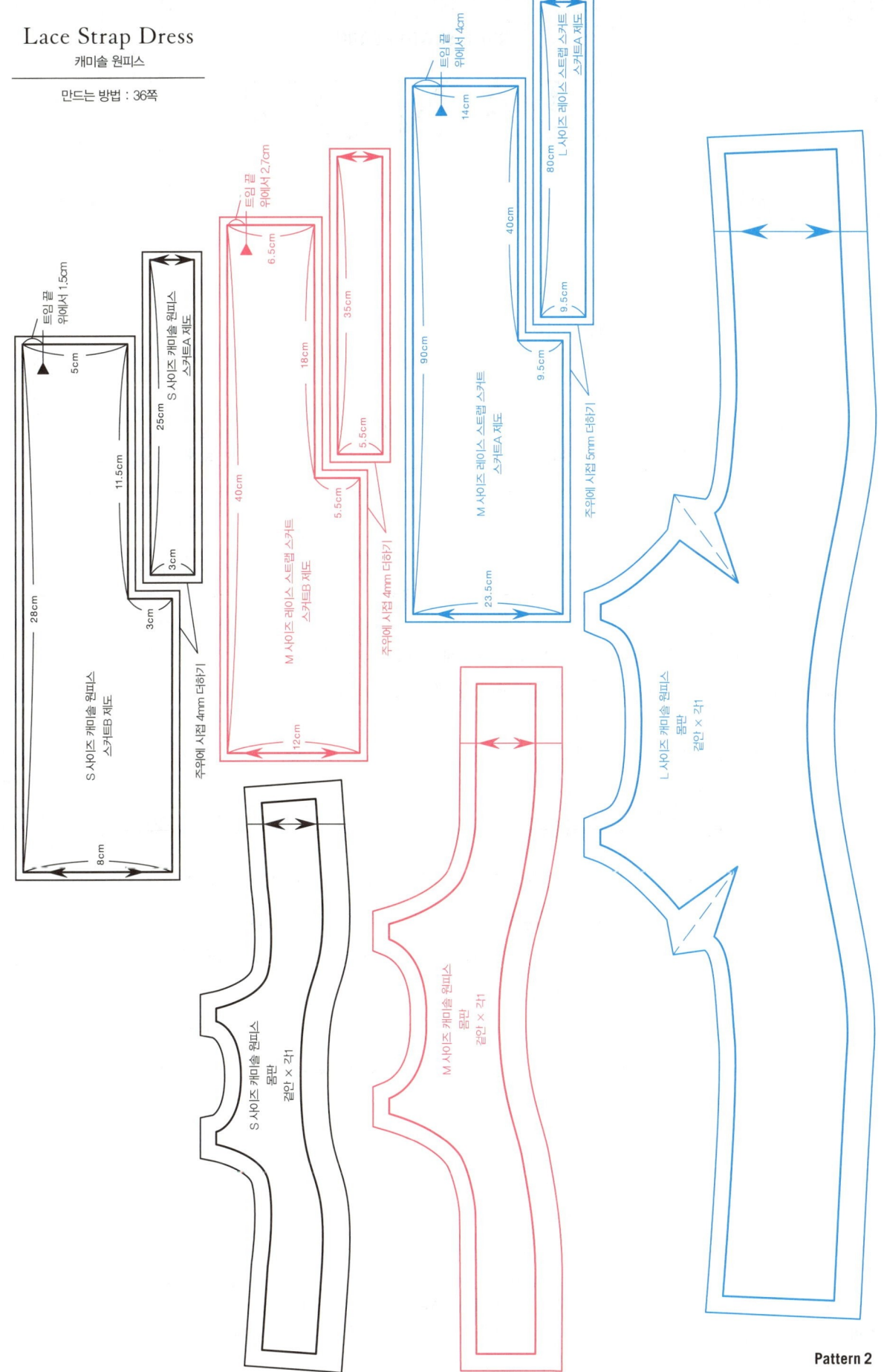

트임 끝 위에서 1.5cm

5cm

11.5cm

28cm

3cm

3cm

8cm

S 사이즈 캐미솔 원피스 스커트B 제도

주위에 시접 4mm 더하기

25cm

3cm

트임 끝 위에서 1.5cm

S 사이즈 캐미솔 원피스 스커트A 제도

트임 끝 위에서 2.7cm

6.5cm

40cm

18cm

12cm

35cm

5.5cm

5.5cm

M 사이즈 레이스 스트랩 스커트 스커트B 제도

주위에 시접 4mm 더하기

트임 끝 위에서 4cm

14cm

90cm

40cm

23.5cm

M 사이즈 레이스 스트랩 스커트 스커트A 제도

트임 끝 위에서 4cm

80cm

9.5cm

9.5cm

L 사이즈 레이스 스트랩 스커트 스커트A 제도

주위에 시접 5mm 더하기

S 사이즈 캐미솔 원피스 몸판 걸안 × 각1

M 사이즈 캐미솔 원피스 몸판 걸안 × 각1

L 사이즈 캐미솔 원피스 몸판 걸안 × 각1

Pattern 2

HANON

패턴

패턴은 기본적으로 100% 원본 치수로 게재하였습니다.

S 사이즈 패턴은 검정색,

M 사이즈 패턴은 빨간색,

L 사이즈 패턴은 파란색,

이렇게 색으로 구별하였습니다. 만들고 싶은 사이즈의 패턴을 그대로 복사하여 잘라서 사용하세요.

패턴 옮기는 방법

옷감 안쪽에 패턴을 올리고 초크 펜이나 초크 페이퍼 등을 이용하여
두꺼운 선인 '완성선'과 그 바깥의 가는 선인 '시접선'을 옮겨 그립니다.
재단하는 부분은 '시접선'입니다.
두꺼운 선인 '완성선'의 위치를 맞춰 꿰맵니다.

←→	이 화살표는 옷감 결의 '세로' 방향입니다.(옷감 식서 방향이 세로입니다.)
▶	이 삼각표시는 '트임 끝' 표시입니다. 반드시 옮겨 그리세요.
—	'레이스 끝'이나, 주름 위치 등을 지정합니다. 반드시 옮겨 그리세요.
∽	주름을 잡는 범위를 표시합니다.
〈제도〉	'제도'라고 쓰여 있는 패턴은 원단에 직접 자로 재서 패턴을 그려주세요.
〈좌우×각1〉	원단에 패턴을 그대로 올려서 1장, 패턴을 좌우로 뒤집어서 1장, 총 2장 만듭니다.
〈겉안×각1〉	겉감에 패턴을 그대로 올려서 1장, 안감에 패턴을 그대로 올려서 1장, 총 2장 만듭니다.
〈×2〉	옷감의 패턴을 그대로 올려서 2장 만듭니다.

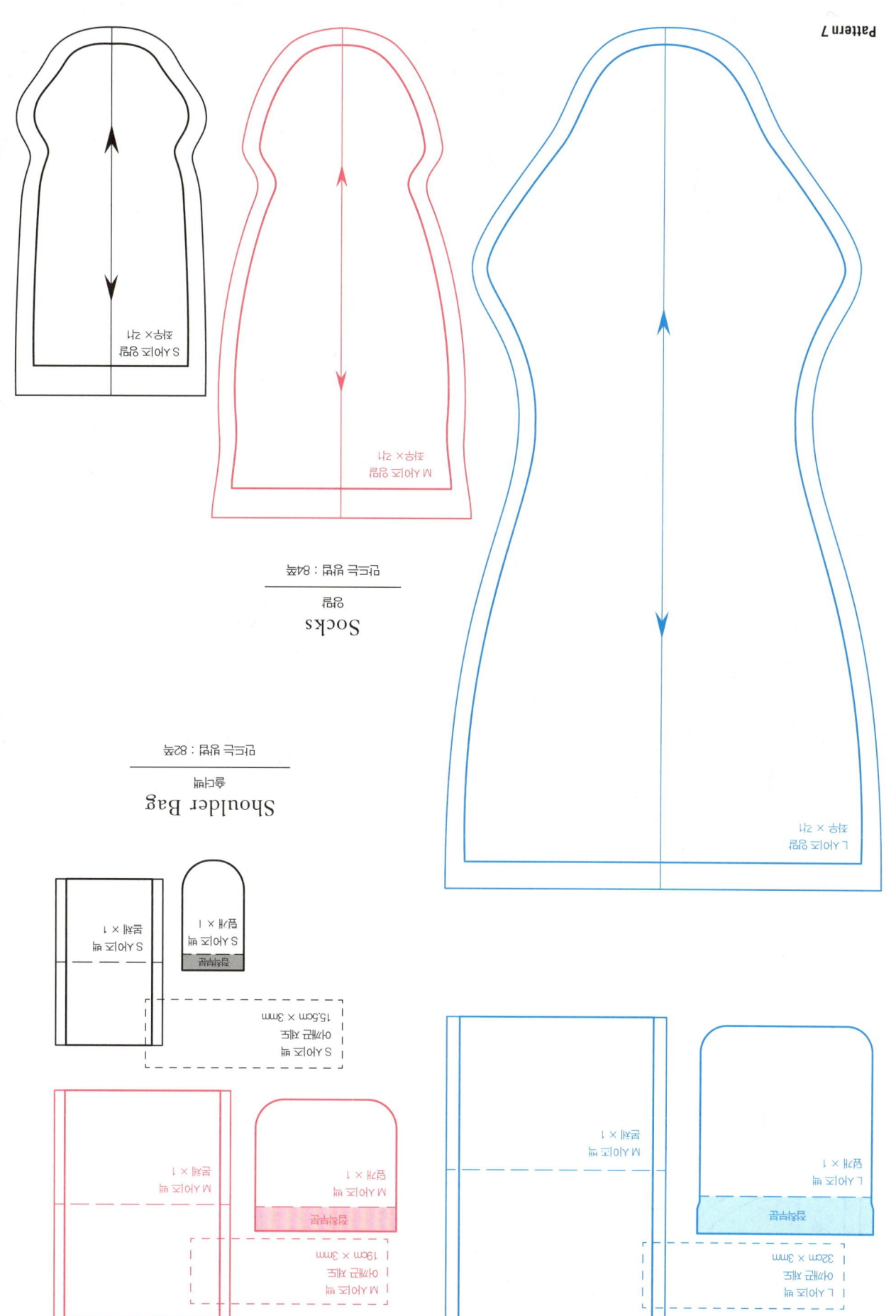

Socks
양말
만드는 방법 : 84쪽

Shoulder Bag
숄더백
만드는 방법 : 82쪽

S 사이즈 양말
왼손 × 2개

M 사이즈 양말
왼손 × 2개

L 사이즈 양말
왼손 × 2개

S 사이즈 백
몸체 × 1

S 사이즈 백
옆/개 × 1
접착심지

S 사이즈 백
어깨끈 재단
15.5cm × 3mm

M 사이즈 백
몸체 × 1

M 사이즈 백
옆/개 × 1
접착심지

M 사이즈 백
어깨끈 재단
19cm × 3mm

L 사이즈 백
몸체 × 1

L 사이즈 백
옆/개 × 1
접착심지

L 사이즈 백
어깨끈 재단
32cm × 3mm

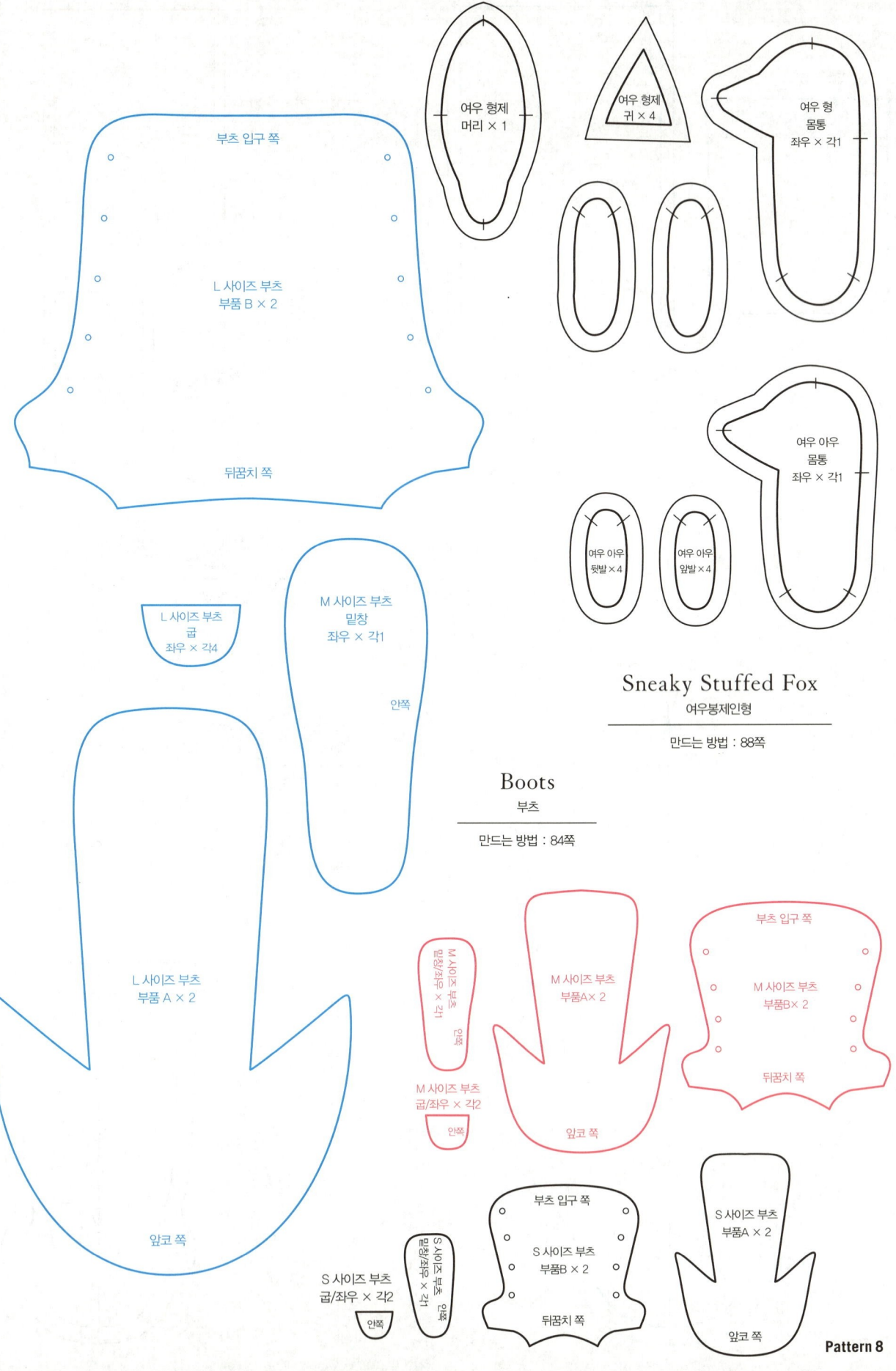

부츠 입구 쪽

L 사이즈 부츠
부품 B × 2

뒤꿈치 쪽

여우 형제
머리 × 1

여우 형제
귀 × 4

여우 형
몸통
좌우 × 각1

여우 아우
몸통
좌우 × 각1

여우 아우
뒷발 × 4

여우 아우
앞발 × 4

L 사이즈 부츠
굽
좌우 × 각4

M 사이즈 부츠
밑창
좌우 × 각1

안쪽

Sneaky Stuffed Fox

여우봉제인형

만드는 방법 : 88쪽

Boots

부츠

만드는 방법 : 84쪽

L 사이즈 부츠
부품 A × 2

앞코 쪽

M 사이즈 부츠
밑창/좌우 × 각1

안쪽

M 사이즈 부츠
굽/좌우 × 각2

안쪽

M 사이즈 부츠
부품 A × 2

앞코 쪽

부츠 입구 쪽

M 사이즈 부츠
부품 B × 2

뒤꿈치 쪽

S 사이즈 부츠
굽/좌우 × 각2

안쪽

S 사이즈 부츠
밑창/좌우 × 각1

안쪽

부츠 입구 쪽

S 사이즈 부츠
부품 B × 2

뒤꿈치 쪽

S 사이즈 부츠
부품 A × 2

앞코 쪽

Pattern 8